# MOSAIK

Techniken, Materialien
und Projekte
für Einsteiger



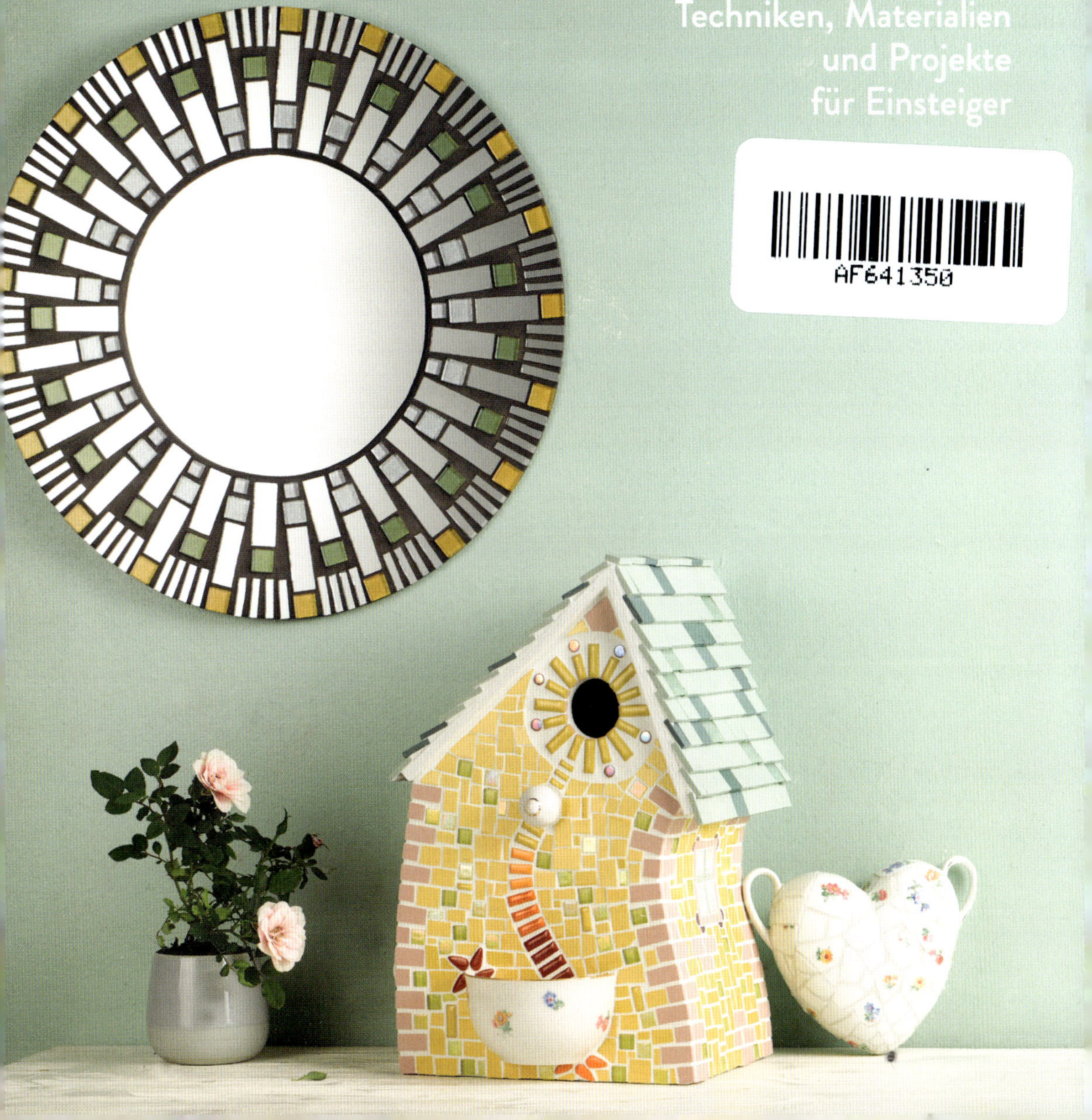

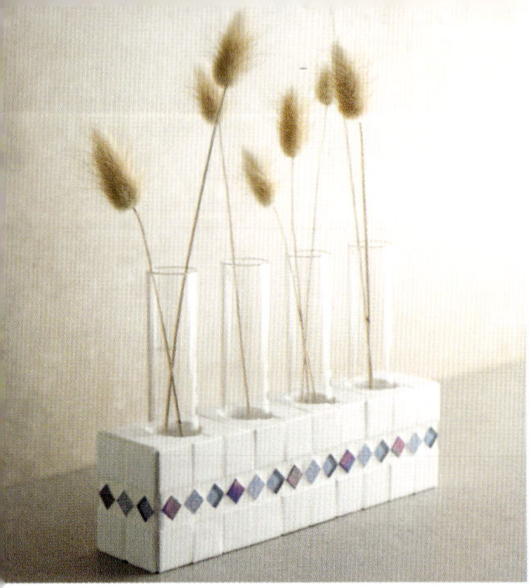

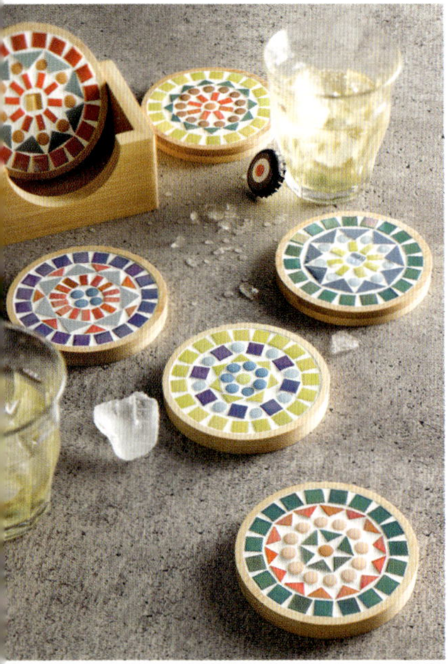

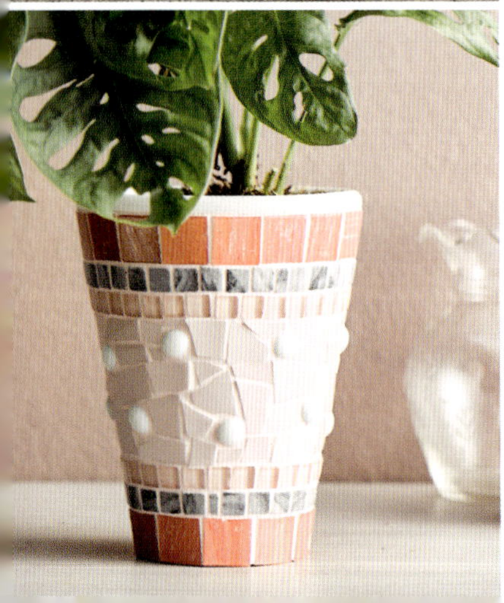

# INHALT

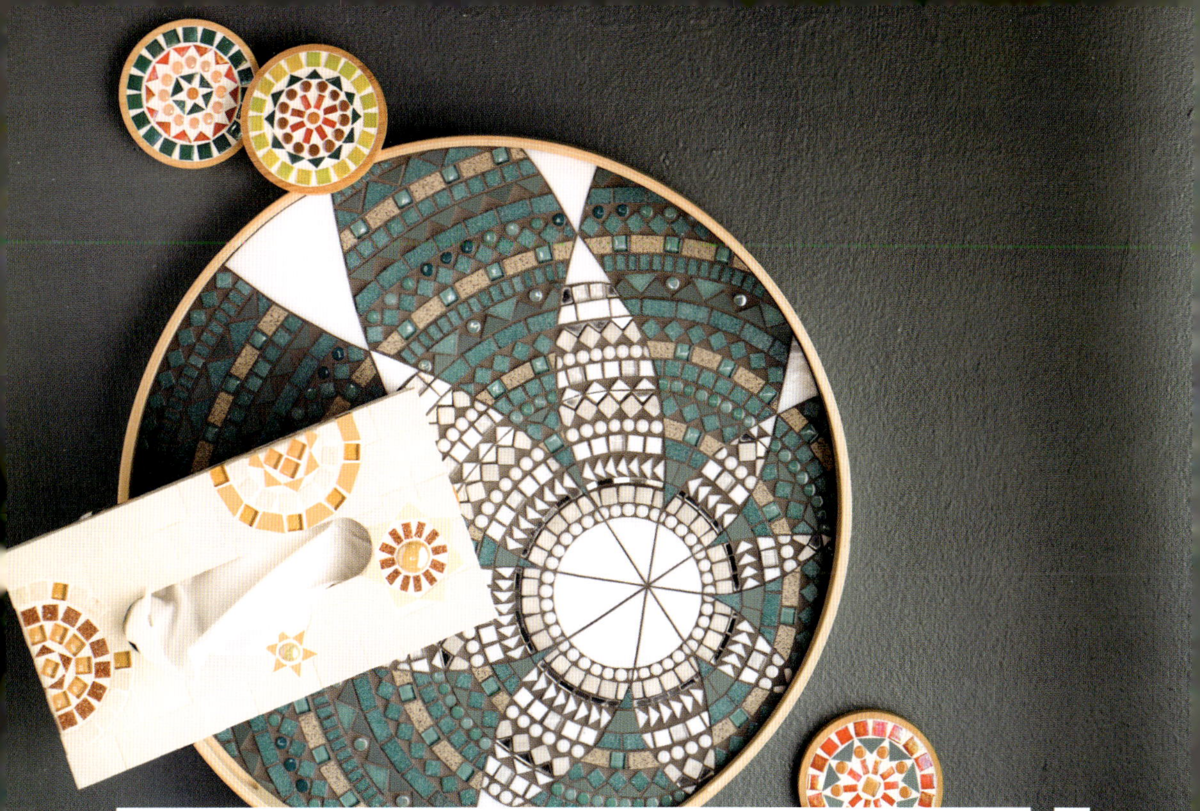

# VORWORT

CARMEN ALBRECHT

In diesem Buch möchte ich mit allen Lesern und Leserinnen meine Begeisterung für die Welt der Mosaiksteine teilen. Lassen Sie sich mitreißen und lernen Sie die Freuden dieser Kreativtechnik kennen! Die Mosaikkunst ist sehr vielfältig und lädt dazu ein, seiner Kreativität beim Erschaffen eigener Werke freien Lauf zu lassen.

Haben Sie keine Angst vor dem Arbeiten mit Fugenmasse, Fliesen, Glas und Stein! Dieses Buch holt Sie ganz am Anfang ab und erklärt Schritt-für-Schritt, wie Sie Steine bearbeiten und aufkleben oder Projekte verfugen. Die wunderschönen Projekte für den Innen- und Außenbereich motivieren Sie, den ersten Schritt zu wagen und sich selbst mit Zange und Kleber Ihr eigenes Kunstobjekt zu schaffen. Erleben Sie das Glücksgefühl, das sich beim Fertigstellen eines Mosaiks einstellt, und erfreuen Sie sich an der Farbenpracht!

Wenn ich eines über die Jahre hinweg gelernt habe, dann dass jeder Mensch Mosaikkunstwerke erschaffen kann. Trauen Sie sich!

Albrecht

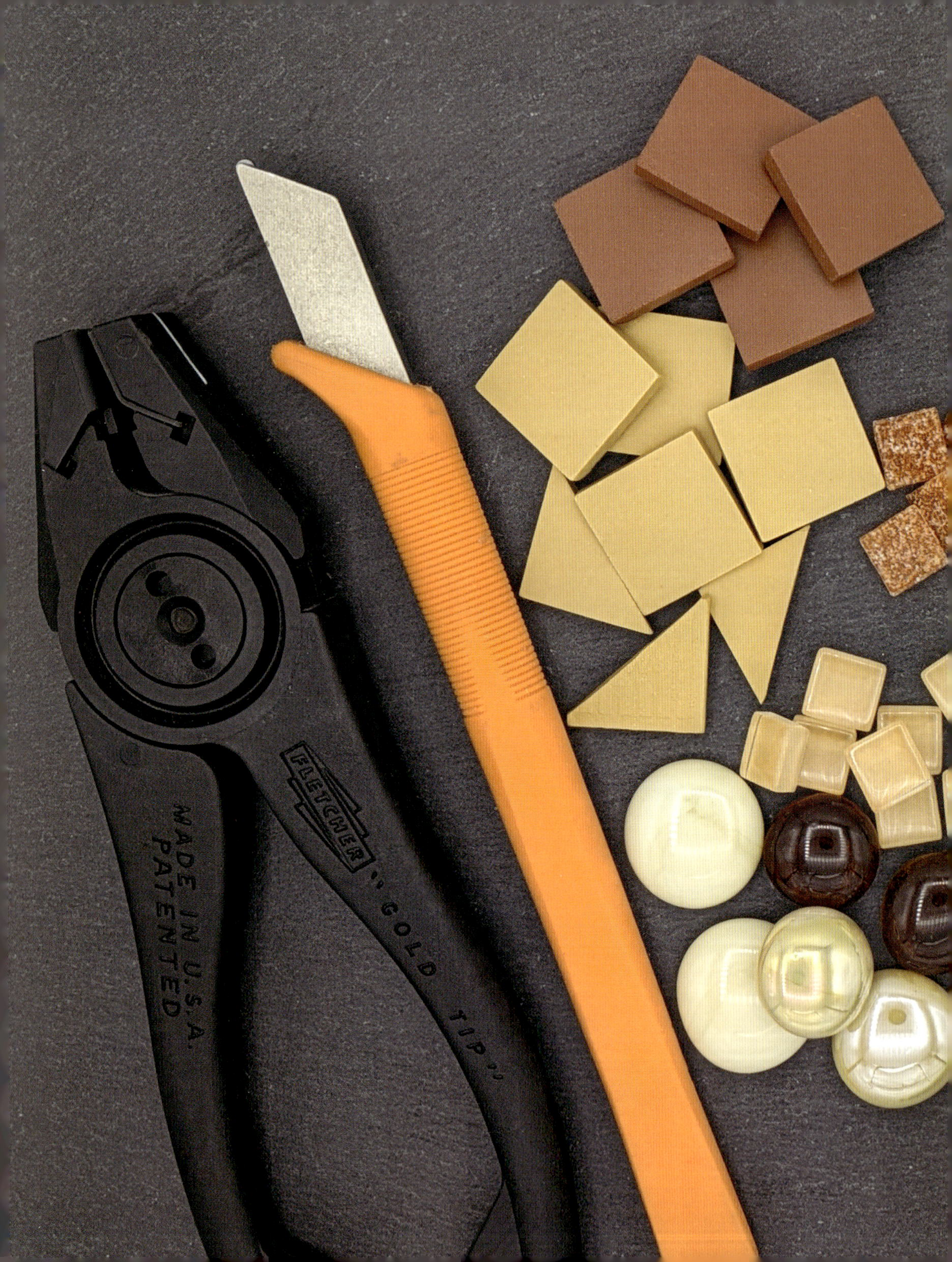
MADE IN U.S.A.
PATENTED
FLETCHER
"GOLD TIP"

# GRUNDWISSEN

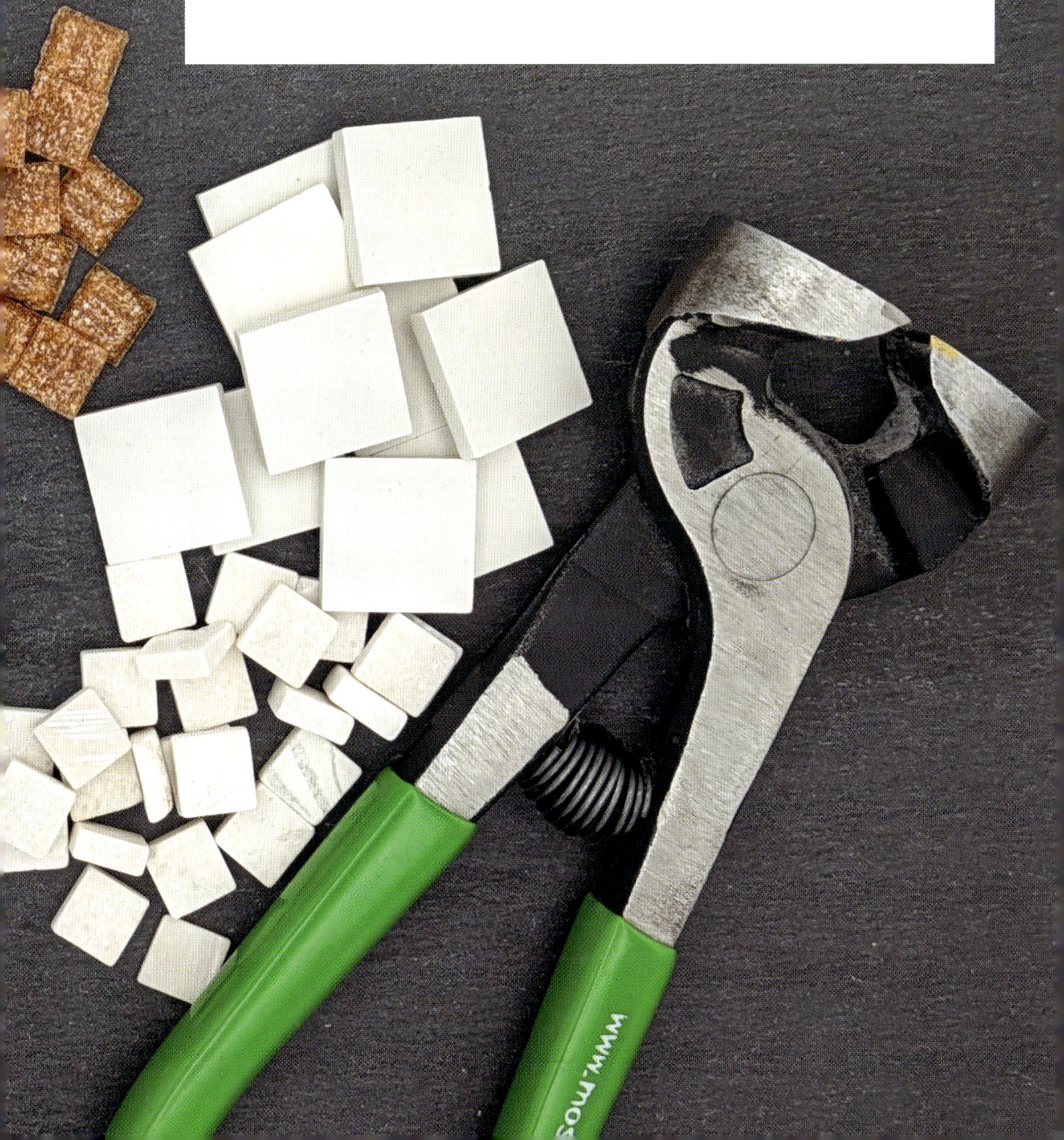

# MOSAIKMATERIAL

SIEHE SPICKZETTEL

Auf dieser Seite finden Sie eine Übersicht der Mosaikmaterialien, die für die kommenden Projekte relevant sind.

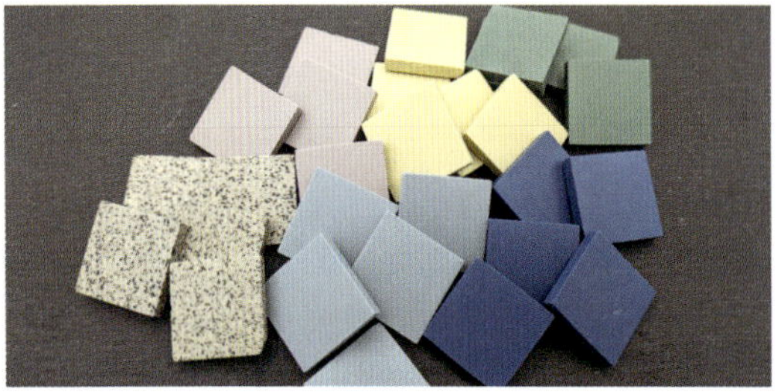

CERATON ist eine unglasierte Feinkeramik, die auf glänzenden Oberflächen schöne Kontraste erzielt.

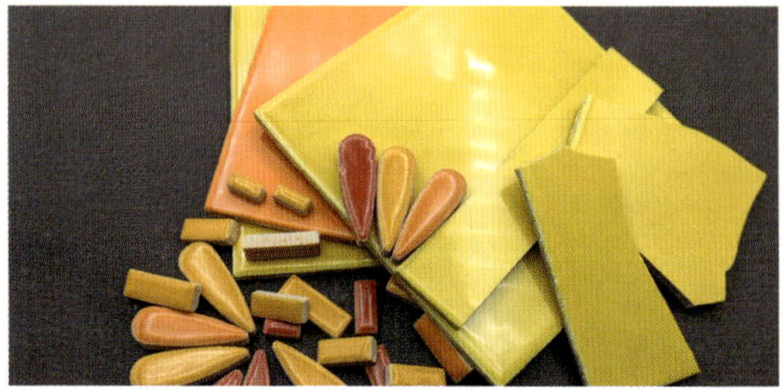

KERAMIKSTEINE sind meist etwas dicker als andere Mosaikmaterialien. FLIESEN sind nicht immer frostfest und variieren in ihrer Materialstärke.

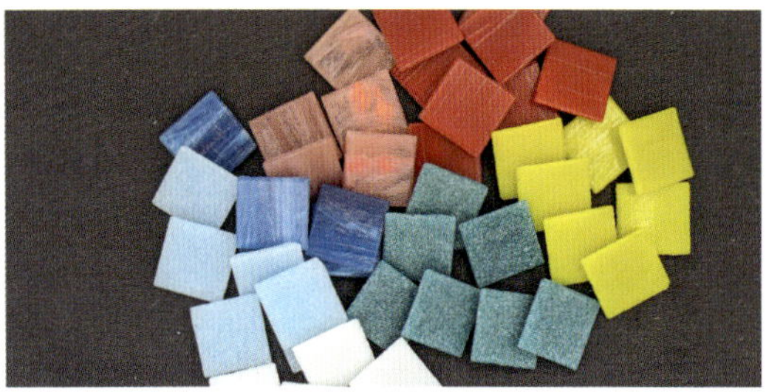

MURANO GLAS kann leicht durchscheinend sein. Helle Steine sollten auf hellem Untergrund stehen, um nicht an Leuchtkraft zu verlieren.

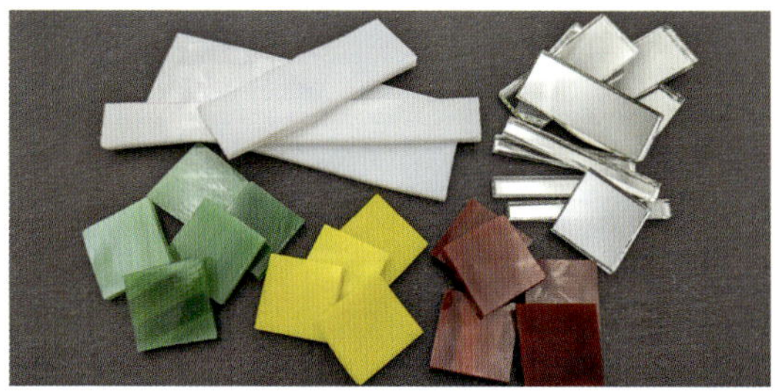

TIFFANYGLAS und SPIEGELGLAS sollten auf einem sauberen Untergrund bearbeitet werden. Das ist bei Spiegelglas besonders wichtig, damit die Folie auf der Rückseite nicht zerkratzt. Diese kann sich auch bei Kontakt mit Fugenmasse verfärben.

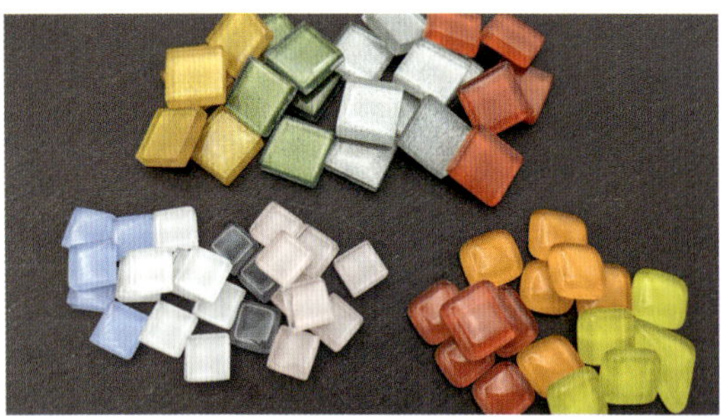

SOFT GLAS ist ein Glas mit eingefärbter Unterseite und abgerundeten Ecken.

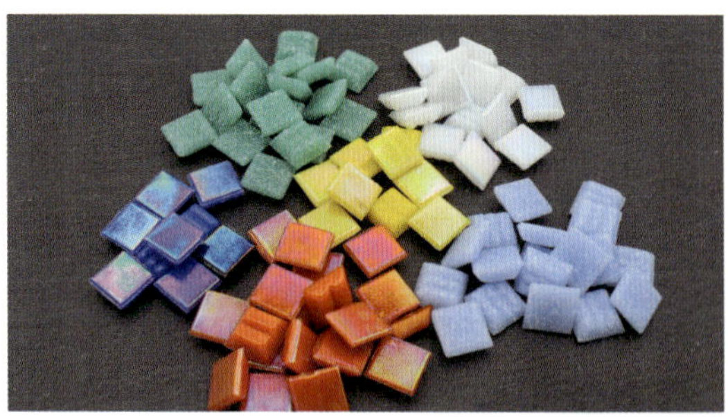

MOSAIKGLAS (z. B. JOY GLAS und WiWaColor) sind durchgefärbte Glassteine, die sich einfach verarbeiten lassen und in sehr vielen Farben verfügbar sind.

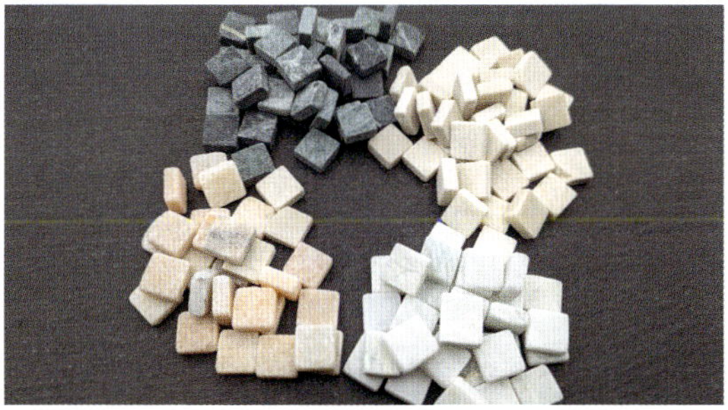

MARMOR hat eine offenporige Oberfläche, weshalb es beim Auftragen der Fugenmasse zu Farbveränderungen kommen kann.

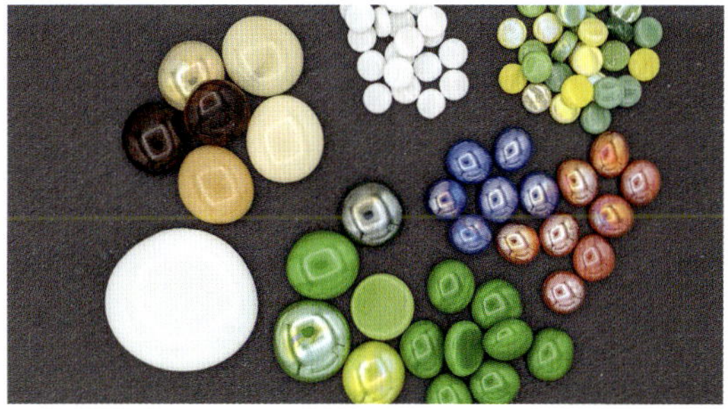

GLAS NUGGETS und MINI GLAS DROPS sind in allen erdenkbaren Farben erhältlich und vielfältig einsetzbar.

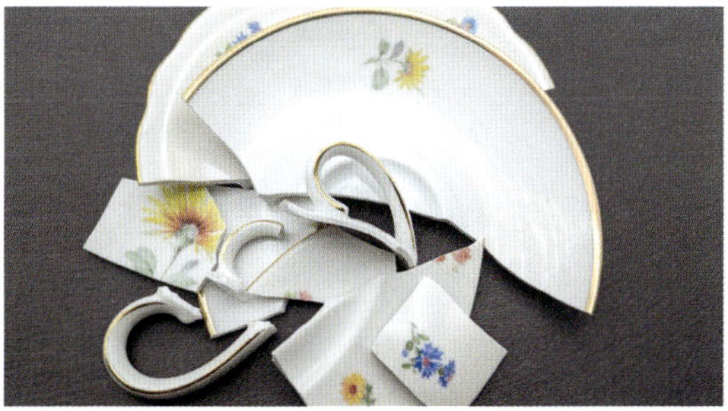

PORZELLAN-Stücke können aus altem Geschirr erzeugt werden. Je nach Porzellanstärke sind die Bruchstücke unterschiedlich schwer zu bearbeiten.

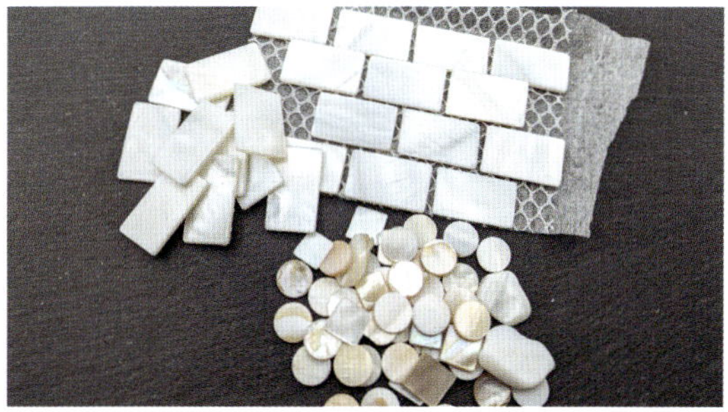

PERLMUTT ist ein schimmerndes Material, das sehr flach ist und daher wenig Platz für die Fugenmasse lässt.

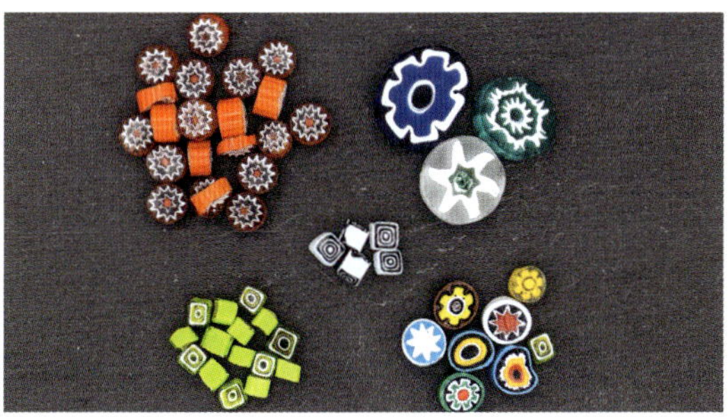

MILLEFIORI sind runde oder eckige Glasstückchen, die von einem Glasstab in unterschiedlicher Stärke abgeschnitten werden. Sie sind in unterschiedlicher Form, Größe und Farbe erhältlich.

Bei den Materialangaben für die Mosaiksteine der Projekte kann es abhängig von Verschnitt und Objektgröße zu Abweichungen kommen.

*Hinweis*

# TRÄGERMATERIAL

SIEHE SPICKZETTEL

Die Trägermaterialien für ein Mosaik sind so vielseitig wie die Auswahl an Mosaiksteinen selbst. Der Untergrund sollte in erster Linie formstabil sein, sich also nicht verbiegen lassen, was die meisten Kunststoffobjekte ausschließt. Zudem sollte er schmutz-, öl- und fettfrei sein. Wenn Sie ein Mosaik für den Außenbereich anfertigen möchten, sollte nicht nur das Mosaikmaterial, sondern auch das Trägermaterial frost- bzw. witterungsbeständig sein.

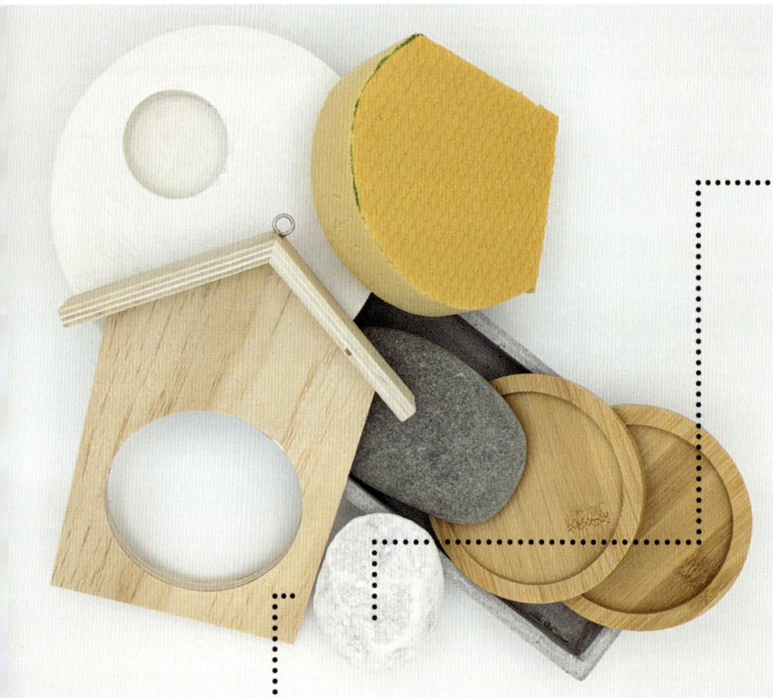

## STEINE

Kieselsteine, Marmorkies usw. eignen sich sehr gut als Trägermaterial und sind frost- und witterungsbeständig. Sie müssen nur darauf achten, diese gründlich von Schmutz und Staub zu befreien. Hierfür am besten über Nacht in Wasser einlegen und am nächsten Tag mit einer Bürste reinigen. Als Kleber kann Mosaikkleber verwendet werden.

## HOLZ UND MDF-PLATTEN

Holz oder MDF-Platten sind aufgrund ihrer offenen Oberflächenstruktur stark saugende Materialien und eignen sich aus diesem Grund nur bedingt für die Anwendung im Außenbereich. Prinzipiell sollte Holz immer mit einer Grundierung vorbehandelt werden, um die Oberfläche zu verschließen und die Feuchtigkeitsaufnahme zu mindern. Bei vorgefertigten Holzobjekten, wie z. B. Vogelhäusern, die fürs Freie gedacht sind, empfehle ich diese zum Schutz mit einem „2in1-Weißlack" deckend anzustreichen. Als Kleber eignen sich im Innenbereich Weißleim und im Außenbereich Mosaikkleber.

## STYROPOR UND STYRODUR

Styrodur ist härter und formstabiler als Styropor. Es nimmt kaum Feuchtigkeit auf und ist somit auch für den Außenbereich geeignet. Zudem lässt es sich mit Cuttermesser oder Handsäge und etwas Schleifpapier sehr gut in die gewünschte Form bringen. Auch wenn das Material kaum Wasser aufnimmt, sollten Objekte im Freien vollständig mit Fugenmasse abgedichtet werden, um eine längere Haltbarkeit zu garantieren. Styrodur kann in jedem Baumarkt als Platte in unterschiedlichen Breiten und Farben erworben werden. Styropor und Styrodur müssen nicht vorbehandelt werden, sollten aber staubfrei sein. Zum Kleben kann Mosaikkleber verwendet werden.

**Bearbeitung von Styrodur:**

1. Eine Vorlage der gewünschten Form anfertigen und auf die Styrodurplatte übertragen.

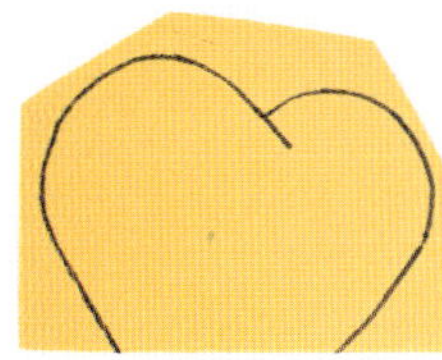

2. Das Styrodur flach auf eine schnittfeste Unterlage legen und die Form mit einem Cuttermesser zunächst grob ausschneiden.

3. Das Cuttermesser nicht direkt an der Linie ansetzen, sondern stückchenweise Scheiben abschneiden.

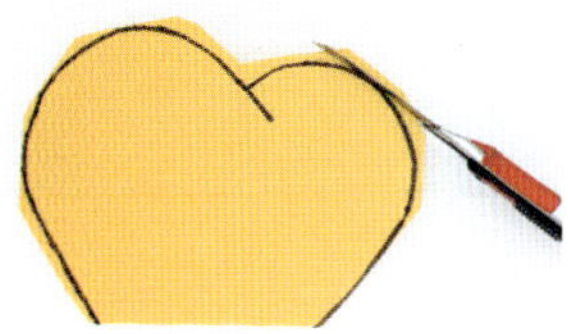

4. Mit Schleifpapier die Unebenheiten beseitigen.

Achtung: Beim Schneiden und Schleifen von Styrodur entsteht feiner Staub. Tragen Sie zum Schutz bitte eine Gesichtsmaske.

## KERAMIK, BETON UND MISCHMATERIALIEN

Steinzeug (Gegenstände aus einer speziellen Keramikmasse) sowie Deko-Objekte aus Beton oder Mischmaterialien können, sofern sie stabil sind, als Trägermaterialien verwendet werden. Vor allem bei großporigen Materialien sollte immer eine Grundierung verwendet werden. Zum Kleben bietet sich Mosaikkleber an.

## TERRAKOTTA

Töpfe und Untersetzer aus Terrakotta sind stark saugende Untergründe und müssen vorab mit Grundierung eingestrichen werden, auch wenn das Objekt frostbeständig und für den Außenbereich geeignet ist. Als Kleber eignet sich für den Außenbereich Mosaikkleber.

## GLAS

Vasen und Windlichter aus Glas eignen sich als Trägermaterial, da Glas frostbeständig und formstabil ist. Achten Sie darauf, einen klar aushärtenden Kleber, wie transparenten Mosaikkleber, zu verwenden, damit die Lichtdurchlässigkeit erhalten bleibt.

SIEHE SPICKZETTEL

# GRUNDIERUNG & FARBE

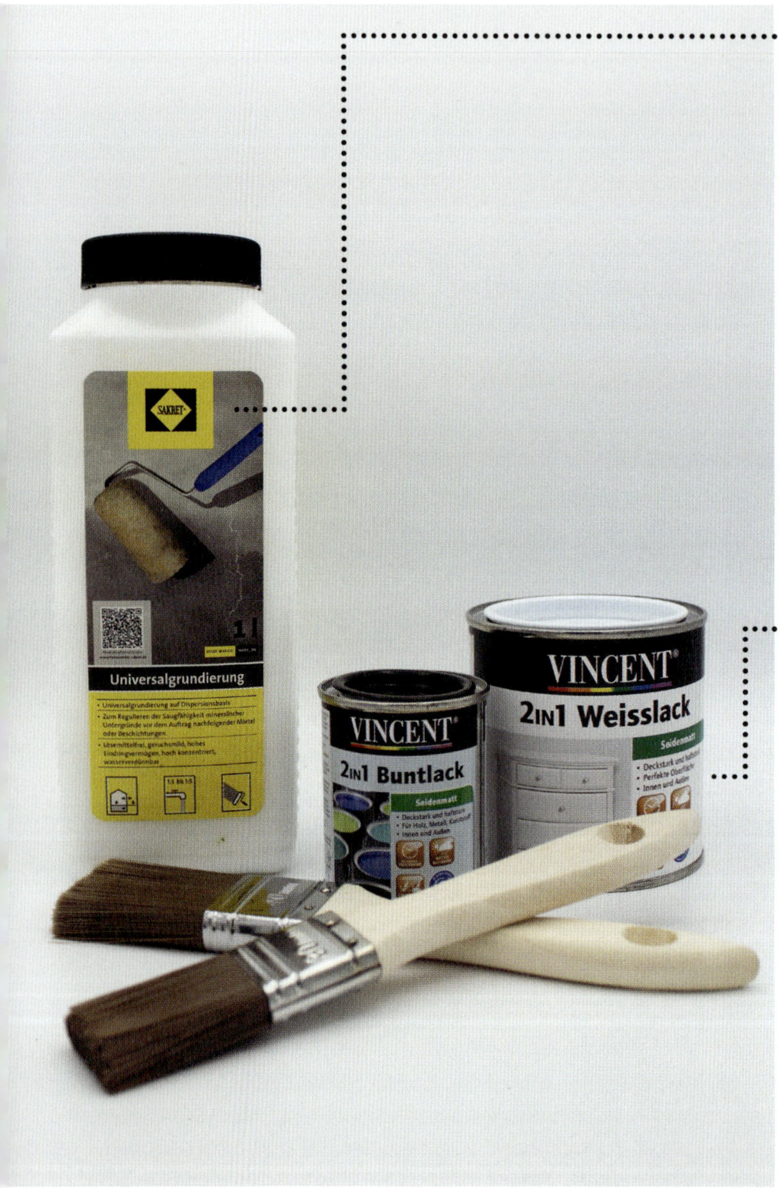


## UNIVERSAL-GRUNDIERUNG

Universalgrundierung ist wasserbasiert und eignet sich für saugende Untergründe. Sie lässt sich einfach mit einem Pinsel auftragen und trocknet schnell. Den Pinsel im Anschluss auswaschen. Die Herstellerhinweise beachten und die Grundierung ggf. mit Wasser verdünnen.

## 2IN1-WEISSLACK & 2IN1-BUNTLACK (SCHWARZ)

Die beiden Lacke sind wasserbasiert. Vorteilhaft ist, dass Grundierung und Farbe gleichzeitig aufgetragen werden.
Der Weißlack eignet sich beim Arbeiten mit hellen, lichtdurchlässigen Mosaiksteinen, da durch den hellen Untergrund die Leuchtkraft erhalten bleibt.
Die Lacke lassen sich mit dem Pinsel auftragen und trocknen schnell. Den Pinsel im Anschluss auswaschen.

# KLEBER

SIEHE SPICKZETTEL

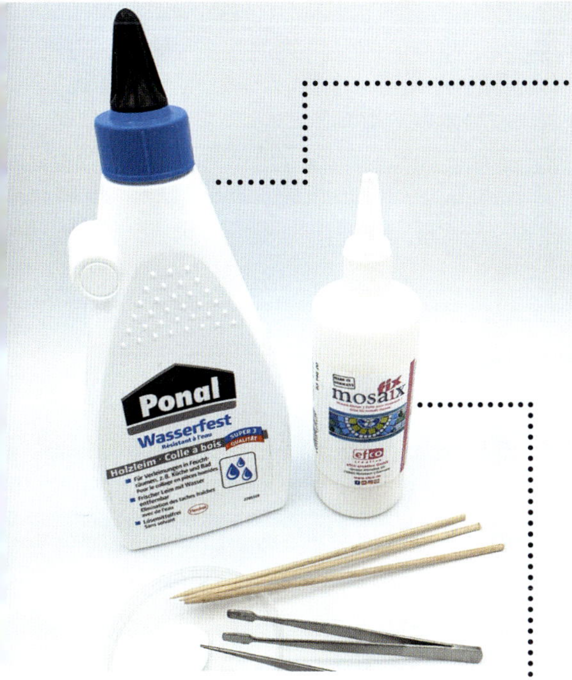


## WEISSLEIM

Weißleim ist wasserfest und eignet sich zum Kleben auf Holz. Er kann für Projekte im Innen- oder Außenbereich genutzt werden. Allerdings sollten die Mosaikwerke im Freien witterungsgeschützt stehen. Der Leim härtet klar aus und ist sehr leicht zu verarbeiten. Er ist sehr flüssig, weshalb er nur auf ebenen Flächen verwendet werden sollte und keine Unebenheiten ausgleichen kann. Weißleim trocknet langsam und lässt somit Korrekturen zu. Überreste des Leims können auch nach dem Trocknen bzw. Verfugen noch von den Mosaiksteinen entfernt werden.

## MOSAIKKLEBER

Mosaikkleber eignet sich zum Kleben auf Glas, Holz, Keramik, Kunststoff, Stein und Metall. Er ist witterungsbeständig und daher auch für Projekte im Außenbereich anwendbar. Der Kleber härtet klar aus und zieht sehr schnell ein. Er kann gut für dreidimensionale Objekte verwendet werden. Nach dem Trocknen lassen sich Überreste nur schwer entfernen. Ist der Kleber getrocknet, halten die Steine nicht mehr darauf. Klebereste müssen erst vollständig entfernt werden, bevor dort erneut Mosaiksteine befestigt werden können.

**Anwendungs-Tipps für Kleber:**

1. Zum Arbeiten eine kleine Menge Kleber z. B. auf den Deckel eines Quarkbechers auftragen. Wenn Reste auf dem Deckel zurückbleiben, können diese am nächsten Tag durch Biegen des Deckels abgelöst werden und die Unterlage kann wiederverwendet werden.

2. Sie können die Steine entweder mit der Pinzette in den Kleber tunken oder mit einem Holzstäbchen etwas Kleber auf den Untergrund geben. Immer nur die Stelle mit Kleber einstreichen, die gerade bearbeitet wird.

3. Beim Kleben darauf achten, die Fugen zwischen den Steinen frei zu lassen, damit genügend Platz für die Fugenmasse bleibt.

# SCHNEIDEWERKZEUGE FÜR MOSAIK

Um Mosaikmaterial schneiden bzw. bearbeiten zu können, benötigen Sie verschiedene Hilfsmittel. Mit den hier beschrieben Werkzeugen, können Sie alle in diesem Buch gezeigten Mosaike anfertigen. Beim Schneiden von Glas, Porzellan und Stein sollten Sie eine Schutzbrille tragen. Zudem empfehle ich einen kleinen Handfeger greifbar zu haben, um die Arbeitsfläche zu reinigen.

## GLASSCHNEIDER

SIEHE SPICKZETTEL

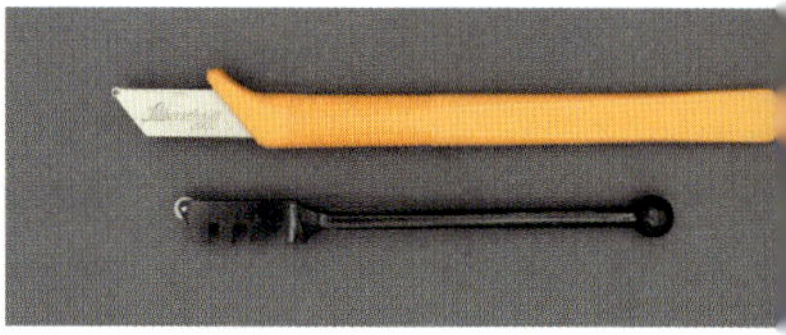

- Geeignet für: Tiffanyglas, Ceraton, Murano Glas, Keramik, Fliesen
- Verwendung: Anritzen eines Materials zum anschließenden Auseinanderbrechen mit der Brechzange; gerade Linien und – mit etwas Übung – geschwungene Formen

**Einsatz des Glasschneiders:**

1. Mit dem Glasschneider auf einer sauberen und rutschfesten Unterlage arbeiten.

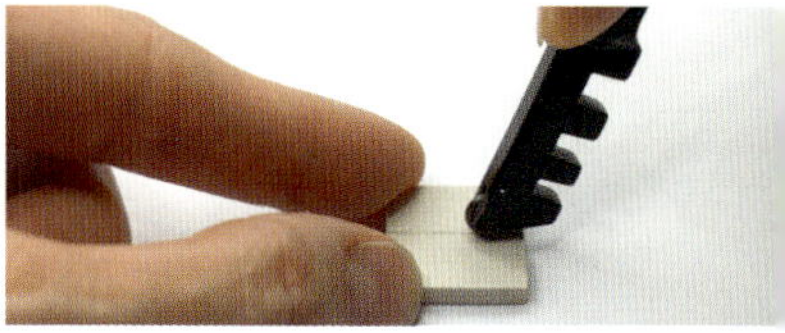

2. Die gewünschte Bruchlinie auf das Material zeichnen. Den Glasschneider an der Linie ansetzen. Das Werkzeug dabei in einem Winkel von 70° bis 90° halten.

3. Das Geräusch beim Schneiden sollte ein gleichmäßiges „Surren“ sein. Hört es sich an, als würde Eis brechen, ist der Druck zu stark, was zum Splittern der Kanten führen kann. Hören Sie nichts, ist die Ritzung evtl. nicht tief genug und das Material bricht nicht wie gewünscht.

4. Den Glasschneider nicht ab- und wieder neu ansetzen oder mehrmals über dieselbe Stelle ziehen, sondern in einer konstanten Bewegung führen. Nicht über das Material hinaus schneiden.

5. Wenn Sie den Glasschneider im Stehen verwenden, ist es einfacher den Druck auf das Material und die Haltung des Werkzeugs konstant zu halten.

## BRECHZANGE

SIEHE SPICKZETTEL

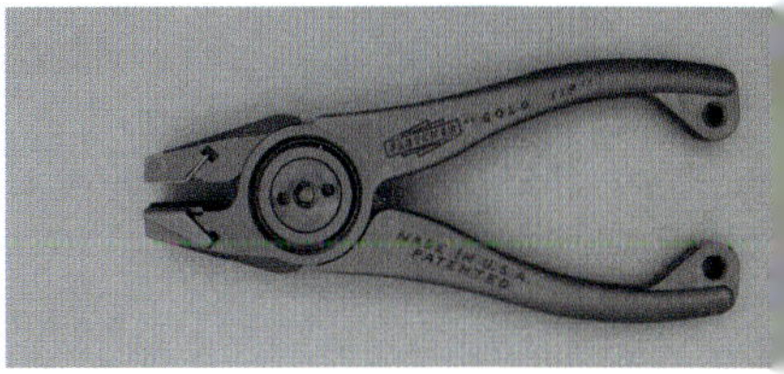

- Geeignet für: Tiffanyglas, Ceraton, Murano Glas, Keramik, Fliesen
- Verwendung: Auseinanderbrechen von mit dem Glasschneider eingeritzten Materialien

**Einsatz der Brechzange:**

1. Legen Sie das Material mit der Sichtseite nach oben so zwischen die Backen, dass der weiße Strich auf der Oberseite der Zange genau auf der Bruchlinie liegt. Das Material mit Daumen und Zeigefinger der freien Hand festhalten und mit der Zange langsam Druck ausüben.
Achtung: Ein Material, das vorher nicht mit dem Glasschneider eingeritzt wurde, bricht unkontrolliert.

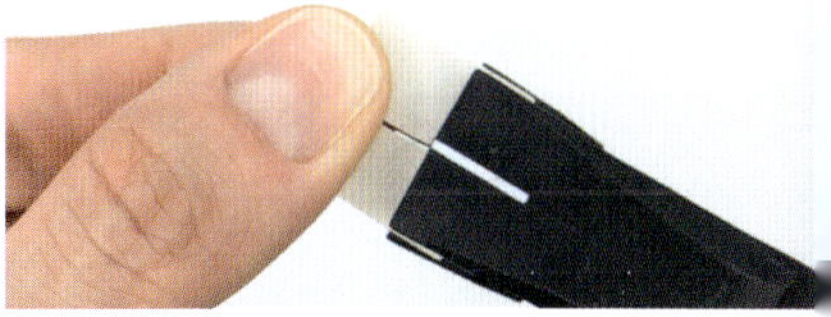

2. Beim Bearbeiten von Spiegelglas ist Vorsicht geboten, damit die Folie auf der Rückseite nicht beschädigt wird.

Mit Glasschneider und Brechzange können verschiedene Formen und unterschiedlich große Streifen zugeschnitten werden. Hier sehen Sie, wie sich dies ganz einfach umsetzen lässt:

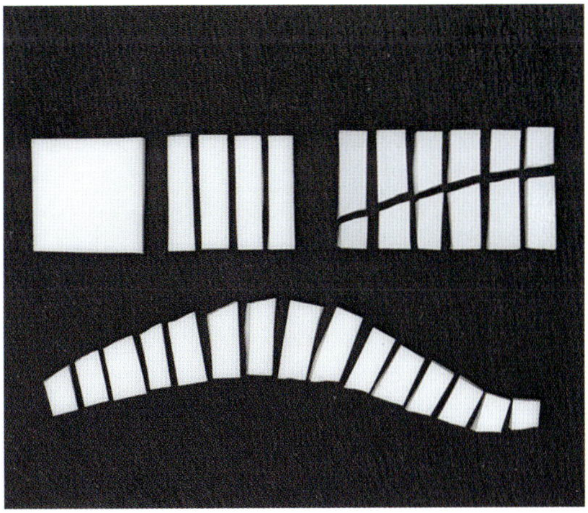

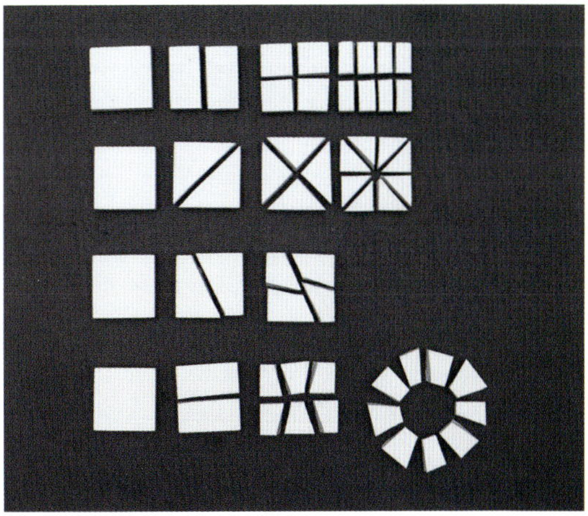

SIEHE SPICKZETTEL

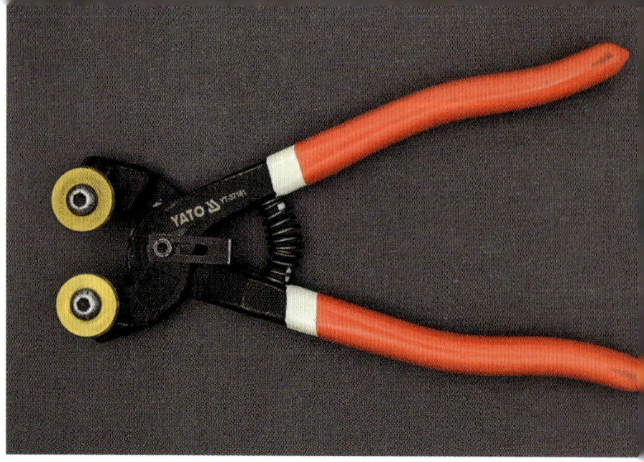


# MOSAIKZANGE MIT SCHNEIDERÄDCHEN

- Geeignet für: Glas, dünnes Porzellan und Keramik, Soft Glas, Joy Glas
- Verwendung: Trennen von kleinen Glassteinen und Bearbeiten von Porzellan

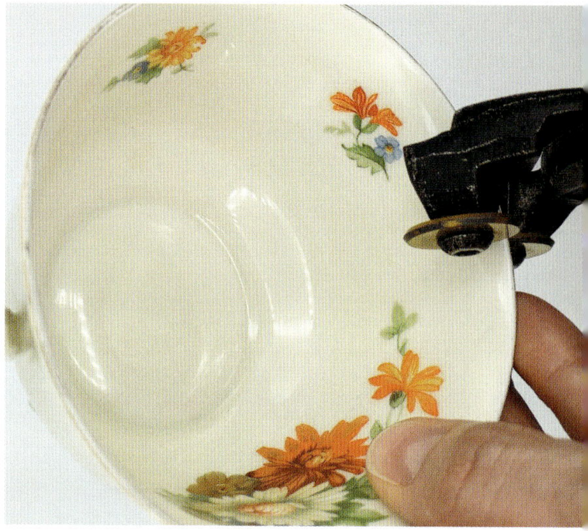

**Einsatz der Mosaikzange mit Schneiderädchen::**

1. Das Material mit der freien Hand festhalten und zwischen die Schneidrädchen der Zange schieben. Die Rädchen sollten senkrecht auf das Material zeigen. Die Zange im vorderen Drittel des Materials ansetzen.

2. Die Zange eignet sich sehr gut, um z. B. Porzellan in polygonale Stücke zu zerkleinern oder bestimmte Stücke aus einem Objekt heraus zu lösen. Wenn Sie z. B. den Henkel einer Porzellantasse benötigen, trennen Sie zunächst die Tasse in zwei Hälften. Trennen Sie schrittweise Streifen ab. Je näher Sie dem Henkel kommen, umso kleinere Stückchen entfernen Sie. Selbiges gilt, wenn Sie Motive auf dem Porzellan verwenden möchten.

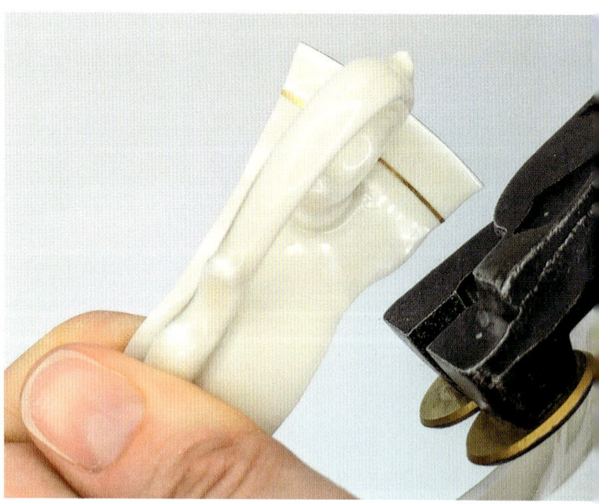

SIEHE SPICKZETTEL

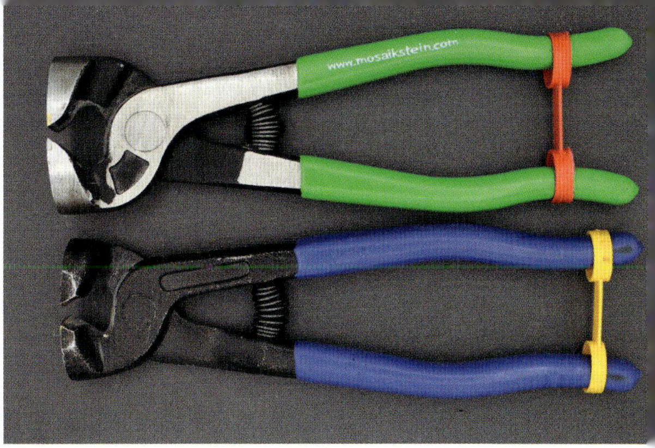


# MOSAIKZANGE MIT HARTMETALLBACKEN

- Ausführungen: mit geraden Backen und mit abgerundeten Backen
- Geeignet für: Steinzeug, Ceraton, Fliesen, Marmor, Keramik, Naturstein, dickeres Porzellan
- Verwendung: Bearbeiten fast aller Materialien (Ausnahme: Tiffanyglas)

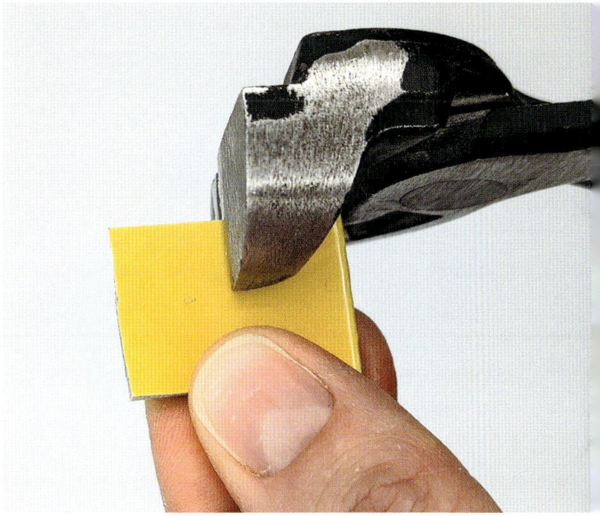

**Einsatz der Mosaikzange mit Hartmetallbacken:**

1. Bei der Mosaikzange mit geraden Backen verlaufen die Backen parallel und sind auf einer Seite versetzt. Das Material, mit Sichtseite nach oben, an der gebogenen Seite der Zange bis zur Hälfte zwischen die Backen schieben. Die volle Hebelwirkung erhalten Sie, wenn Sie die Zange möglichst weit hinten halten. Sie können die Mosaikzange an einer beliebigen Stelle auf dem Material ansetzen. Sie eignet sich sehr gut, um z. B. rechteckige Fliesenstücke abzuknipsen.

2. Bei der Mosaikzange mit runden Backen sind die Backen auf beiden Seiten abgerundet. Da diese Zange, im Gegensatz zur Variante mit geraden Backen, aufgrund der Rundungen einen kleineren Druckpunkt hat, kann sie auch mittig auf dem Material angesetzt werden. Sie eignet sich zum Ablösen von Bögen und Kurven, jedoch weniger für gerade Schnitte.

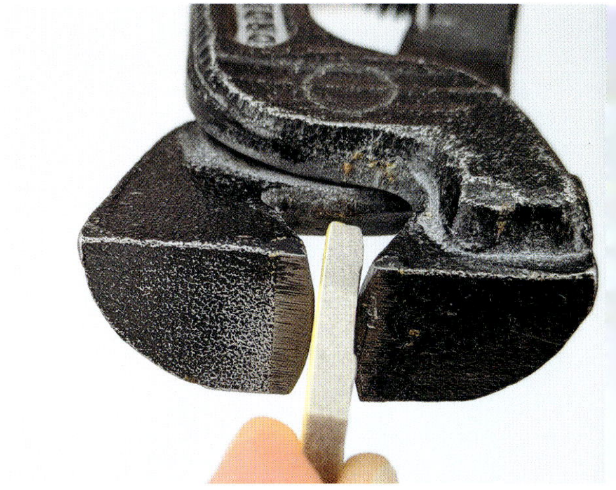

SIEHE **SPICKZETTEL**

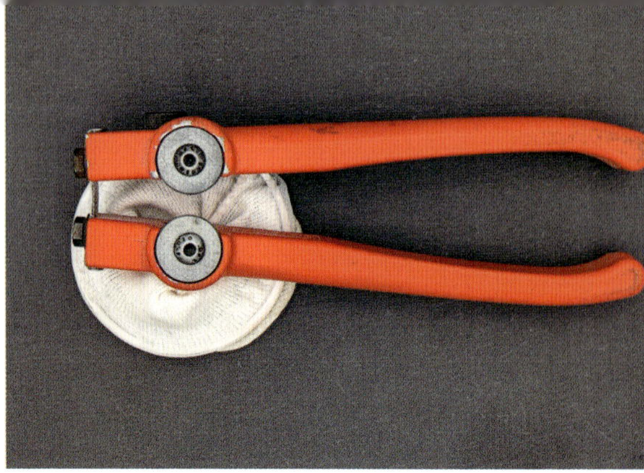

## GLASBEISSZANGE

- Geeignet für: Tiffanyglas bis ca. 4 mm Stärke, Spiegelglas, Murano Glas
- Verwendung: exaktes und einfaches Bearbeiten von Flachglas; keine geraden Schnitte; ideal zum Herauslösen von Kreisen und Blütenblättern

**Einsatz der Glasbeißzange:**

1. Das Flachglas während des Schneidens mit Daumen und Zeigefinger der freien Hand festhalten. Die Schneiderädchen im rechten Winkel zum Glas aufsetzen.

2. Das kleine Säckchen auf der Rückseite fängt die abgetrennten Glasstücke auf. Sie können das Säckchen nach Bedarf ausleeren und die benötigten Stücke heraussuchen.

3. Beim Arbeiten mit dieser Zange entstehen viele kleine Glasschnipsel. Fahren Sie nicht mit der Hand über die Arbeitsfläche, um diese zur reinigen, sondern verwenden Sie immer einen Handfeger.

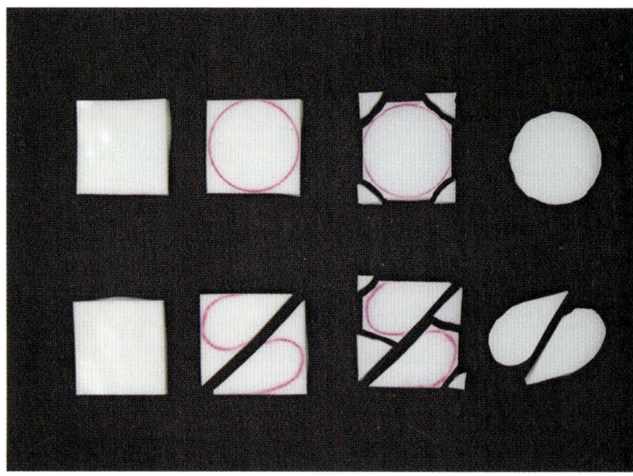

Damit ein Mosaik-Projekt gelingt, können Sie sich folgende Hilfsmittel zu Nutze machen:

- Pinzette
- Fineliner oder Bleistift
- Geodreieck, Lineal und Zirkel
- Holzstäbchen

*Weitere Hilfsmittel*

SIEHE SPICKZETTEL

# VERFUGEN

Alle Projekte in diesem Buch sind verfugt. Das bedeutet die Freiräume zwischen den Steinen werden mit Fugenmasse gefüllt. Das Verfugen verleiht dem Mosaik eine schöne Optik und macht es haltbar. Besonders Objekte, die für den Außenbereich gedacht sind, werden dadurch geschützt. Die Frostsicherheit eines Objekts im Freien ist nur gegeben, wenn das Trägermaterial, die verwendeten Materialien und die Fugenmasse frostbeständig sind. Die Fugenmasse verhindert u. a. das Eindringen von Wasser in die Bereiche zwischen Trägermaterial und Mosaikmaterial. Falls diese Stellen nass werden, kann das Mosaik im Winter bei Frost abplatzen.

In Kreativläden wird meistens weiße Fugenmasse angeboten. Im Baumarkt ist Fugenmasse jedoch auch in verschiedenen anderen Farben erhältlich. Beim Kauf auf die Herstellerhinweise bezüglich Fugenbreite, Frostsicherheit und Verarbeitungshinweise achten. Für die Projekte in diesem Buch habe ich die Variante frostbeständige „Flexfuge" verwendet. Diese ist in verschiedenen Farben erhältlich und auch sehr gut für den Innenbereich geeignet.

In welcher Farbe das Mosaik verfugt wird, hat eine große Auswirkung auf das Objekt. Aus diesem Grund sollte die Wahl der Fugenfarbe gut überlegt sein. Möchten Sie zentral ein Muster oder Motiv betonen und den Hintergrund eher homogen halten oder soll das gesamte Mosaikmuster hervortreten?

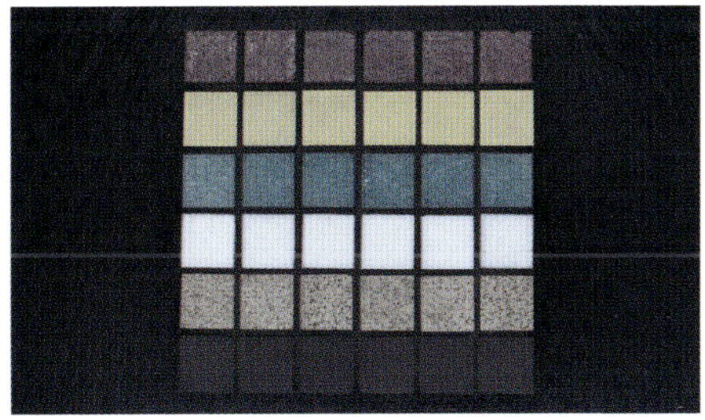

Schwarze Fugenfarbe bringt Farben zum Leuchten.

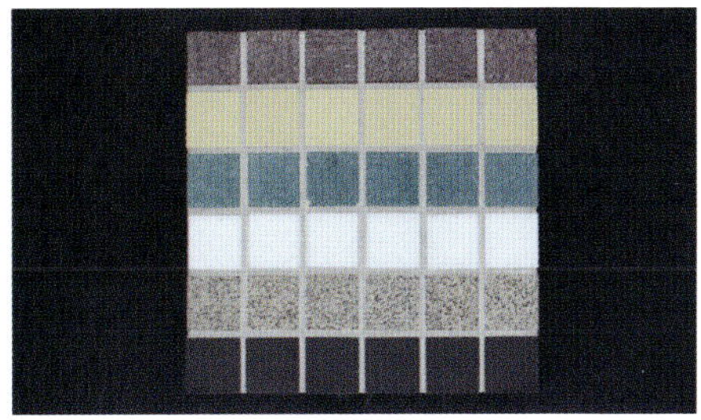

Silbergraue Fugenfarbe lässt die Fuge in den Hintergrund treten. Sie verbindet das Mosaik zu einer einheitlichen Fläche.

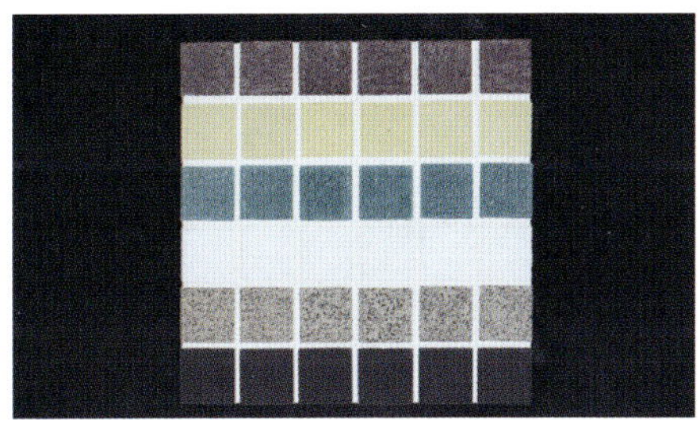

Weiße Fugenfarbe tritt stark in den Vordergrund und trennt. Sie eignet sich besonders für helle Pastelltöne und bei Mosaikmaterial, das leicht transparent ist.

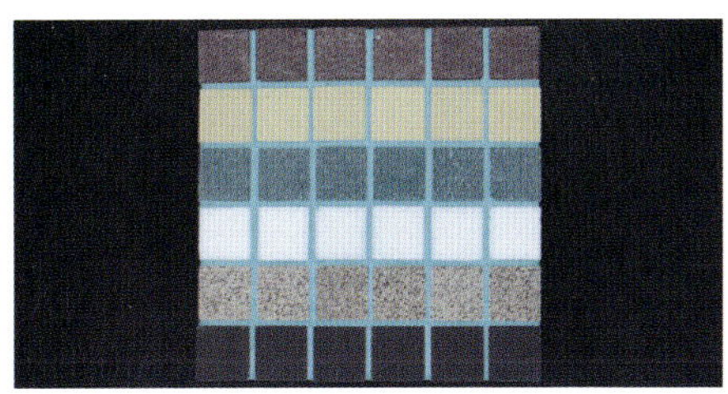

Türkise Fugenfarbe bzw. Fugenfarbe in kräftigen Tönen kann die Stimmung eines Mosaiks verändern und ist meist sehr dominant.

## VERARBEITUNGS-HINWEISE

**1.** Fugenmasse erscheint nach dem Trocknen heller als zuvor.

**2.** Sie können Fugenmasse mit Farbpigmentpulver einfärben. Dabei auf die Herstellerdaten achten. Den Anteil an Pigmentpulver möglichst gering halten, da es die Eigenschaften der Fugenmasse negativ beeinflussen kann.

**3.** Beim Einfärben weißer Fugenmasse das Pigmentpulver in sehr, sehr kleinen Mengen (Fingernagelspitze) in das trockene, weiße Fugenpulver rühren. Sie werden die Farbveränderung erst in Verbindung mit Wasser sehen. Die Fugenmasse gut umrühren und wie beschrieben verarbeiten.

## HILFSMITTEL BEIM VERFUGEN

- Fugenmasse in der gewünschten Farbe
- elastischer, wiederverwendbarer Gummibecher zum Anrühren der Fugenmasse oder sauberer Joghurt-/Quarkbecher
- Modelliereisen oder Ähnliches zum Umrühren der Fugenmasse
- Gummischaber
- Handschuhe
- weicher Schwamm
- altes, fusselfreies Geschirrtuch
- Kreppklebeband
- Holzstäbchen
- kleiner Putzeimer, mit einer stabilen Plastik-/Mülltüte ausgekleidet
- Zeitung zum Schutz der Arbeitsfläche

## VORBEREITUNG

**1.** Alte Zeitung auf der Arbeitsfläche ausbreiten.

**2.** Mosaik entlang der Kanten mit Kreppklebeband abkleben. Vor allem bei Holzobjekten schützt dies die freien Flächen vor Verfärbungen.

**3.** Den Eimer mit der Plastiktüte zu ca. 3/4 mit lauwarmem Wasser füllen.

**4.** Vor dem Anrühren der Fugenmasse Handschuhe anziehen, da die Fugenmasse die Haut stark austrocknen lässt.

## FUGENMASSE ANRÜHREN

**1.** Beim Anrühren der Fugenmasse an die Herstelleranweisungen auf der Packung halten. Erst etwas Wasser (sehr wenig), dann die Fugenmasse in den Gummibecher geben und zu einer klumpenfreien Masse verrühren. Das Fugenmaterial lässt sich am einfachsten verarbeiten, wenn es die Konsistenz von weichem Teig hat.

**2.** Fugenmasse mit dem Gummi-Schaber oder der Hand auf dem Mosaik verteilen. Dabei die Streichrichtung des Schabers immer wieder ändern, damit die Masse in alle Fugen und Ritzen vordringen kann. Wenn Sie mit der Hand verfugen, die Finger flach auf das Mosaik legen und in kreisenden Bewegungen die Fugenmasse einmassieren. Zum Schluss mit dem Schaber grob die überschüssige Fugenmasse abstreichen und zurück in das Anrührgefäß geben.

## REINIGEN DES MOSAIKS

1. Wenn alle Freiräume gefüllt sind, den Schwamm im Eimer auswaschen und sehr gut auswringen. Er sollte so trocken wie möglich sein und auf keinen Fall tropfen.

2. Den Schwamm von oben nach unten über das Mosaik ziehen, wenden und mit der sauberen Seite eine weitere Bahn über das Mosaik ziehen. Das Mosaik nicht sofort komplett reinigen, sondern nur den größten Teil der überschüssigen Fugenmasse entfernen.

3. Keine Kreisbewegungen machen und nicht reiben. Da die Fugenmasse noch zu weich und feucht ist, würden Sie diese aus den Fugen herausreiben.

4. Den Schwamm im Eimer auswaschen und den Vorgang max. 2-3-mal wiederholen. Es wird ein Schmierfilm von Fugenmasse auf dem Mosaik zurückbleiben. Falls Sie versehentlich zu viel Fugenmasse herausgewischt haben, können Sie die Stelle mit der übriggebliebenen Masse nachbessern.

5. Testen Sie mit dem Finger, ob die Fugenmasse schon fester geworden ist. Wie schnell das geht, hängt hauptsächlich von der Fugentiefe und -breite sowie der Konsistenz der Fugenmasse ab.

6. Wenn die Fugenmasse etwas angezogen hat, mit dem trockenen Geschirrtuch das Mosaik vorsichtig reinigen. Je fester die Fugenmasse wird, umso einfacher wird das Polieren. Bei uneben Stellen und Kanten können Sie ein Holzstäbchen zum Freilegen zu Hilfe nehmen.

## NACH DEM VERFUGEN

1. Das Mosaik bei Raumtemperatur trocknen lassen. Nicht zum Trocknen in die Sonne legen. Bei zu hohen Temperaturen besteht die Gefahr, dass die Fugenmasse zu schnell trocknet und sich Risse bilden.

2. Die Fugenmasse aus dem Anrührgefäß kratzen und das Gefäß zusammen mit dem Modelliereisen, dem Gummischaber und dem Schwamm im Eimer auswaschen.

3. Die Fugenmasse (auch verdünnt) nicht im Waschbecken entsorgen. Den Wassereimer 1-2 Tage stehen lassen, bis sich die Fugenmasse auf dem Boden des Müllbeutels abgesetzt hat und das Wasser klar ist. Das Wasser dann im Gulli entsorgen. Die Fugenmasse am Boden kann, nachdem sie getrocknet ist, mit der Tüte herausgenommen und in den Müll geworfen werden. Wenn die Plastiktüte nicht beschädigt ist, kann diese beim nächsten Mal wieder verwendet werden.

4. Nach 24 Stunden ist die Fugenmasse ausgehärtet und Sie können die Oberfläche nachpolieren.

# MODELLE

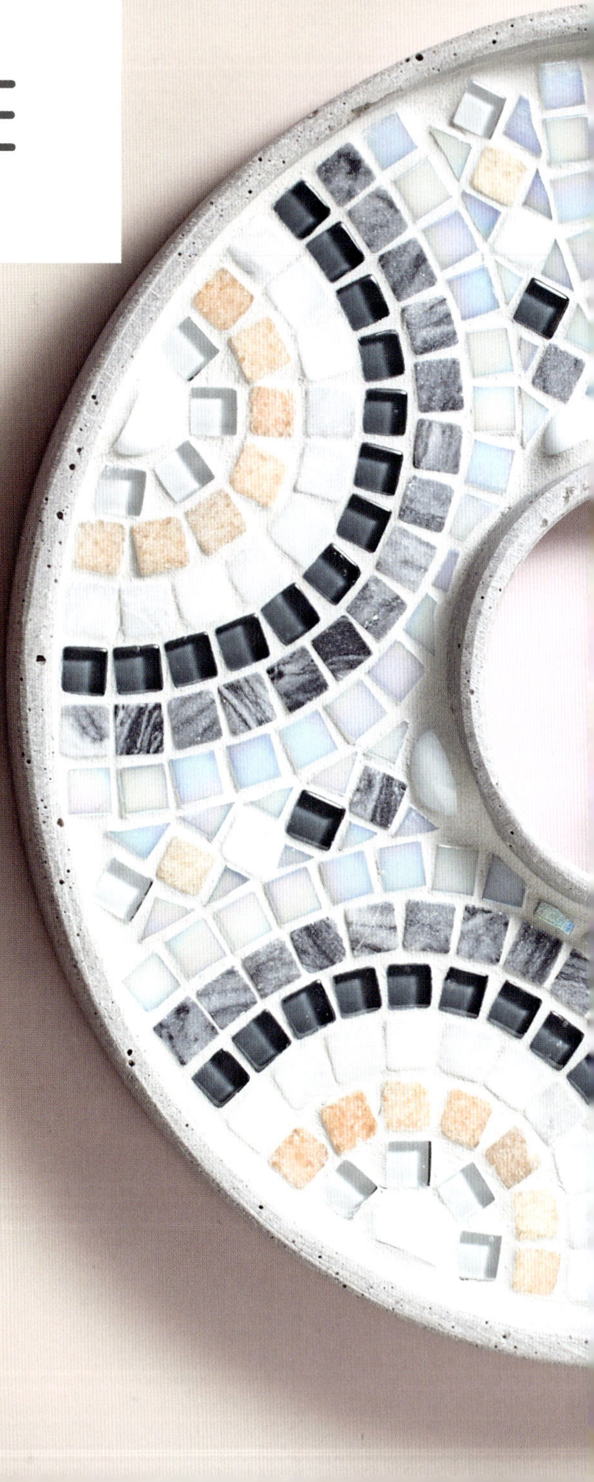

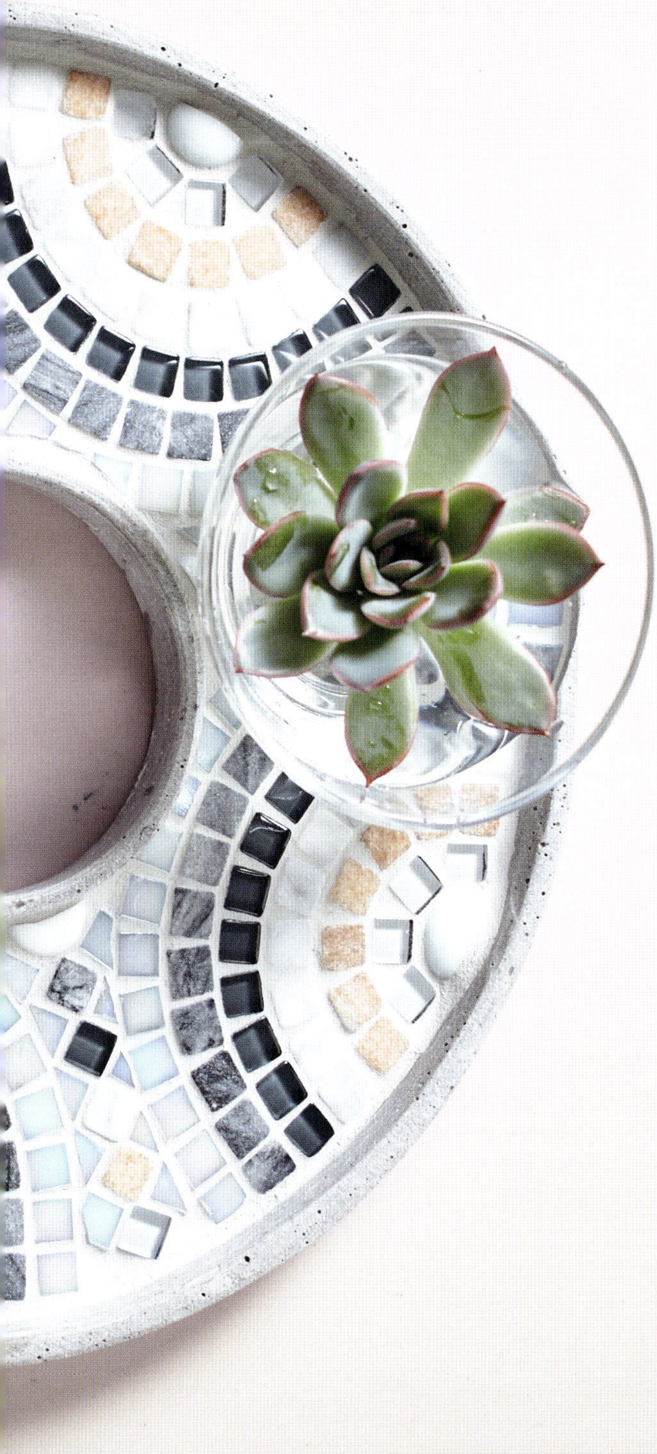

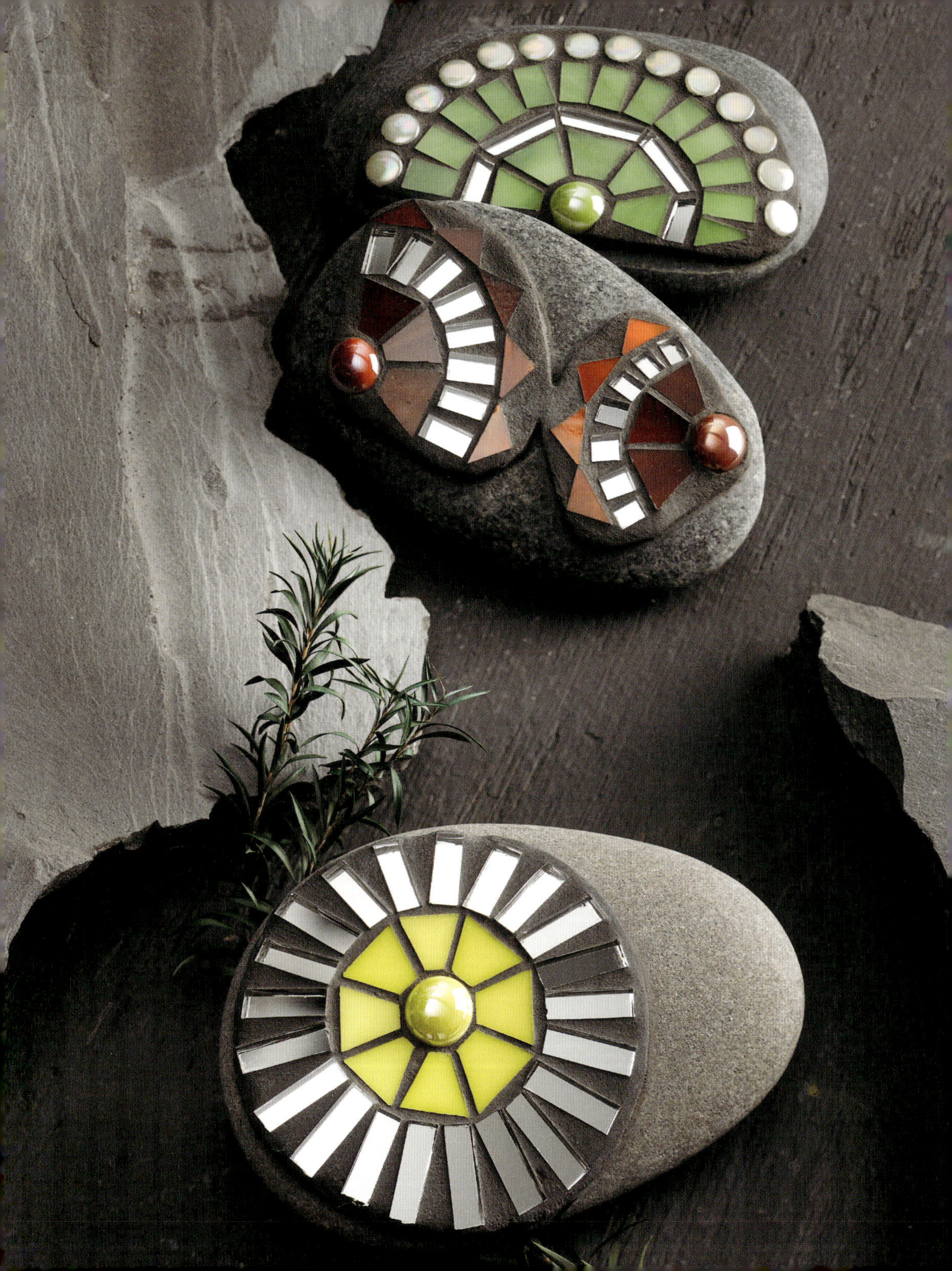

# KIESELSTEINE

## für drinnen und draußen

●●●

### MOTIVGRÖSSE

ca. 9–12 cm

### WERKZEUG UND HILFSMITTEL

- Glasschneider
- Brechzange
- Mosaikkleber, transparent
- Kreppklebeband
- Fugenmasse in Anthrazit

### TRÄGERMATERIAL

- Kieselsteine

### MOSAIKMATERIAL

- 1 Glas Nugget in Gelb, ø ca. 1 cm
- 1 Glas Nugget in Grün, ø ca. 1 cm
- 2 Glas-Nuggets in Rot, ø ca. 2 cm
- Flachglas in Rot, Grün und Gelb, 2 cm x 2 cm x 0,4 cm
- Spiegelglas, ca. 2,5 cm x 0,5 cm/ 1 cm x 1 cm/1,5 cm x 0,5 cm
- 14 Mini-Glas-Drops in Hellgrün, irisierend, ø ca. 0,8 cm

**1.** Kieselsteine mit Wasser und einer Bürste von Staub und Schmutz reinigen.

**2.** Beginnen Sie mit dem Aufkleben der Nuggets und kleben Sie das Muster von innen nach außen auf. Je nach Form der Steine können Sie die Länge und Anzahl der Mosaiksteine anpassen. Zum Zuschneiden können Sie Brechzange und Glasschneider verwenden (Seite 12/13).

**3.** Wenn der Kleber getrocknet ist, vor dem Verfugen die Steine zum Schutz vor der Fugenmasse mit Kreppklebeband abkleben. Die Fugenmasse anrühren und die Steine verfugen (Seite 17–19).

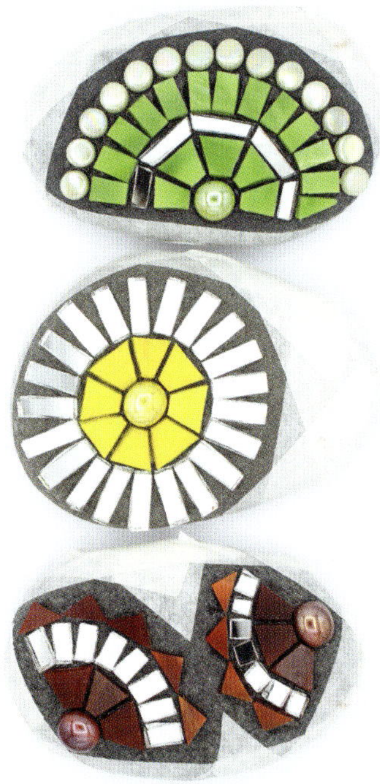

# DEKOHERZEN

## zum Aufstellen

### MOTIVGRÖSSE
Großes Herz: ca. 25 cm x 19,2 cm x 3 cm
Kleines Herz: ca. 20 cm x 13,5 cm x 3 cm

### WERKZEUG UND HILFSMITTEL
- Cutter
- Mosaikzange mit Schneidrädchen
- Glasschneider
- Brechzange
- Mosaikkleber, transparent
- Kreppklebeband
- Fugenmasse in Schwarz

### TRÄGERMATERIAL
- Styrodurplatte, 3 cm dick

### MOSAIKMATERIAL
- 30 x Mosaiksteine aus Murano Glas in Violett, Blau, Gelb, Orange und Rot, 2 cm x 2 cm x 0,4 cm
- 30 x Mosaiksteine aus Ceraton in Violett, Blau, Gelb, Orange und Rot, 2 cm x 2 cm x 0,4 cm
- 20 x Mosaiksteine aus Marmor in Violett, Blau, Gelb, Orange und Rot, 1 cm x 1 cm x 0,4 cm
- 30 x Mosaiksteine aus Joy Glas in Violett, Blau, Gelb, Orange und Rot, 1 cm x 1 cm x 0,4 cm
- 30 x Mosaiksteine aus Soft Glas in Violett, Blau, Gelb, Orange und Rot, 1 cm x 1 cm x 0,4 cm
- 10 x Mini-Glas-Drops in Violett, Blau, Gelb, Orange und Rot, ø 0,8 cm
- 10 x Mini-Keramiksteine in Violett, Blau, Gelb, Orange und Rot, 0,5 cm x 0,5 cm x 0,4 cm
- 80 x Mosaiksteine aus Murano Glas in Rot, 2 cm x 2 cm x 0,4 cm (für den Rand)

### VORLAGE
Bogen A

**1.** Mithilfe der Vorlage die Herzformen auf die Styrodurplatte übertragen. Die Formen ausschneiden (Seite 9). Die ausgeschnittene und staubfreie Styrodurform auf der Vorder- und Rückseite in sechs Abschnitte unterteilen (siehe Vorlage).

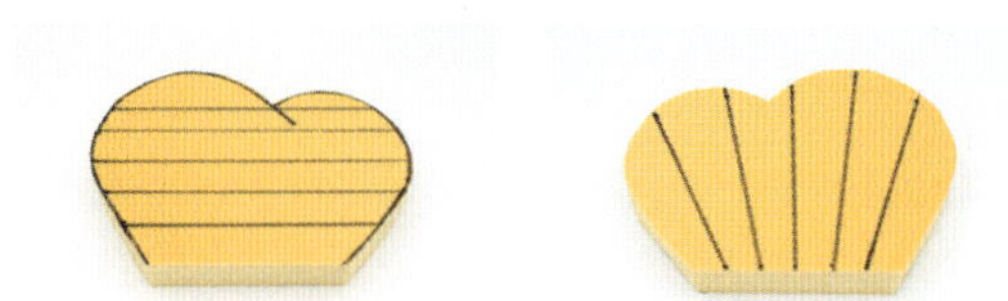

**2.** Motiv mit Mosaiksteinen bekleben. Auf der Vorder- oder Rückseite am äußeren Rand beginnen. Die Steine je nach Bedarf zuschneiden oder im Ganzen aufkleben (Seite 12–14). Die Steine am Rand bündig anbringen, dann ergibt sich später durch die Fuge eine schöne Umrandung.

**3.** Wenn die erste Seite getrocknet ist, die Rückseite bekleben.

**4.** Den Rand der Form abwechselnd mit einem Ganzen und einem dreiviertelgroßen Murano Glas-Stein in Rottönen bekleben.

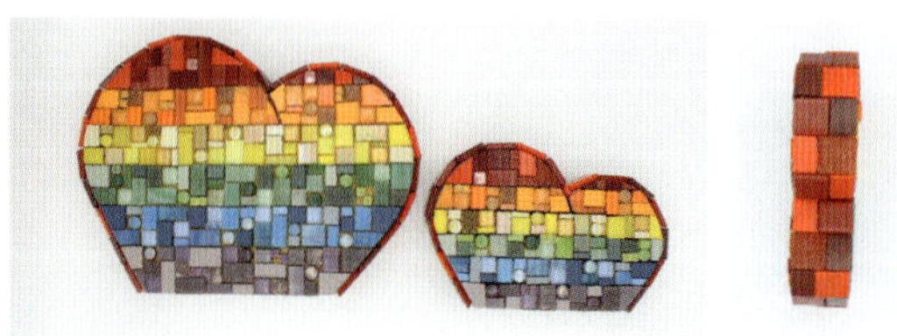

**5.** Wenn der Kleber ausgehärtet ist, die Unterseite mit Kreppband abkleben, um die Standfläche während des Verfugens sauber zu halten. Dann die Fugenmasse anrühren und die Herzen verfugen (Seite 17–19).

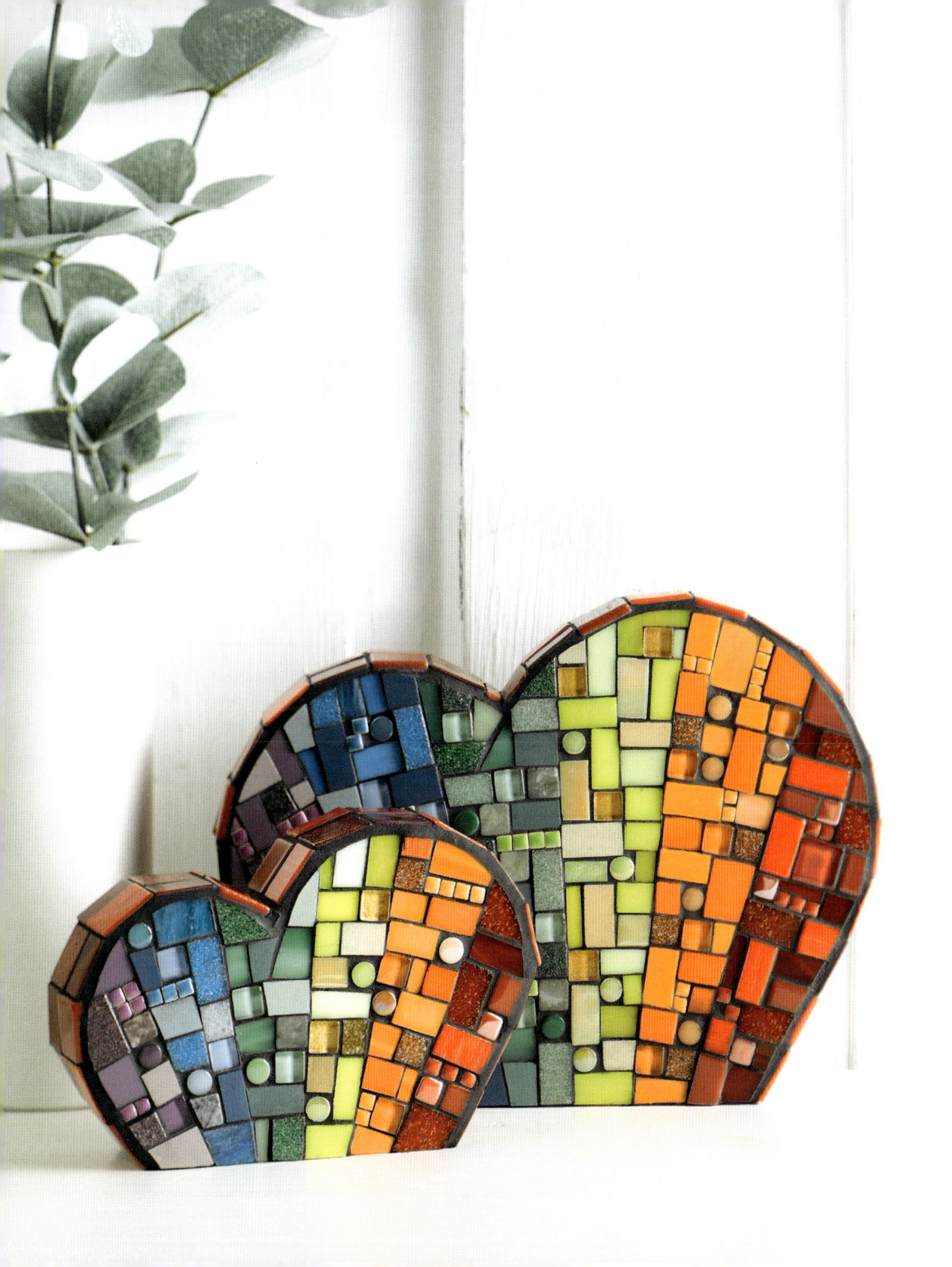

# DEKOSCHALE

mit schimmerndem Glanz

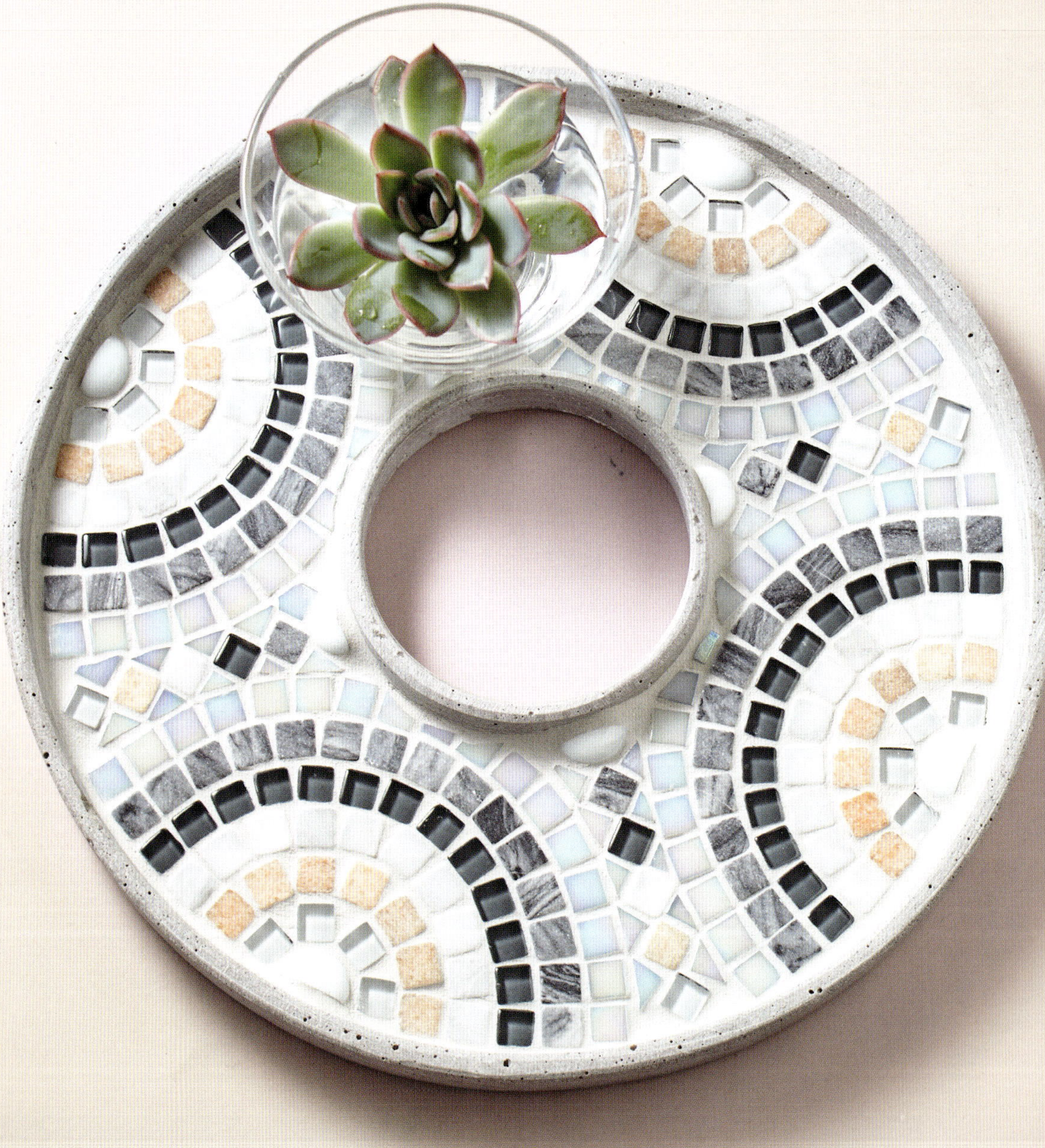

## MOTIVGRÖSSE

ø 27 cm

## WERKZEUG UND HILFSMITTEL

- Universalgrundierung
- Mosaikzange mit Schneiderädchen
- Mosaikkleber, transparent
- Fugenmasse in Silbergrau

## TRÄGERMATERIAL

- Dekoschale aus Beton, rund, ø 27 cm, 2 cm hoch

## MOSAIKMATERIAL

- 4 Glas-Nuggets in Weiß, ø ca. 1–2 cm
- 16 Mosaiksteine aus Soft Glas in Weiß, 1 cm x 1 cm x 0,4 cm
- 32 Mosaiksteine aus Marmor in Rosa, 1 cm x 1 cm x 0,4 cm
- 44 Mosaiksteine aus Marmor in Weiß, 1 cm x 1 cm x 0,4 cm
- 56 Mosaiksteine aus Soft Glas in Dunkelgrau, 1 cm x 1 cm x 0,4 cm
- 64 Mosaiksteine aus Marmor in Dunkelgrau, 1 cm x 1 cm x 0,4 cm
- ca. 100 Mosaiksteine aus Joy Glas in Weiß, irisierend, 1 cm x 1 cm x 0,4 cm

## VORLAGE

Bogen A

1. Die Dekoschale im Bereich der Mosaiksteine und überall dort, wo es mit Fugenmasse in Berührung kommt, mit Universalgrundierung einstreichen und trocknen lassen.

2. Die Glas-Nuggets mit der Mosaikzange (Seite 14) halbieren. Die acht Halbkreise (siehe Vorlage) am Außen- und Innenkreis der Schale aufkleben. Um die Glas-Nuggets am Außenrand nacheinander die Halbkreise anbringen: weiße Soft Glas-Steine, rosa Marmorsteine, weiße Marmorsteine, dunkelgraue Soft Glas-Steine, dunkelgraue Marmorsteine und weiß-irisierende Joy Glas-Steine. Die Steine des letzten Halbkreises mit der Mosaikzange anpassen.

3. Wenn die Halbkreise fertig sind, die Linie aus Rauten dazwischen platzieren. Dabei dasselbe Farbmuster wie bei den Kreisen verwenden. Die Lücken mit halbierten, weißen Joy Glas-Steinen auffüllen.

4. Wenn der Kleber getrocknet ist, vor dem Verfugen den Rand der Dekoschale zum Schutz vor der Fugenmasse mit Kreppklebeband abkleben.

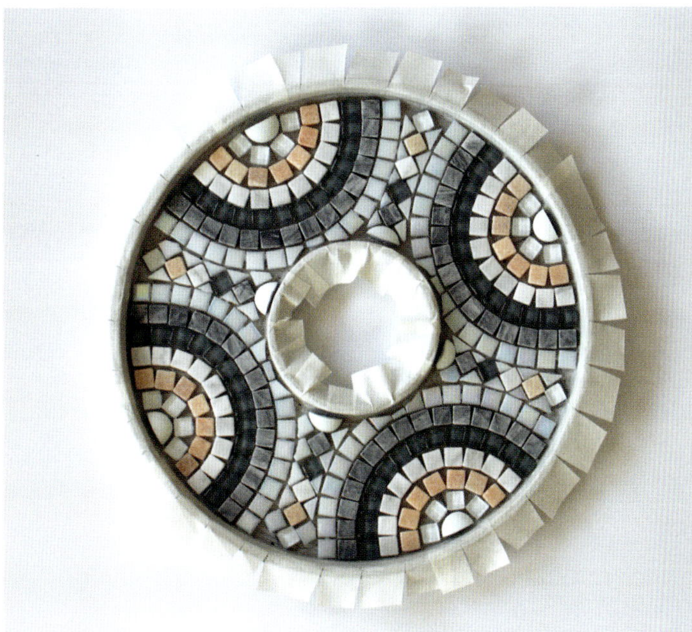

5. Dann die Fugenmasse anrühren und das Dekoschale verfugen (Seite 17–19).

# REAGENZGLÄSER

## als schicke Blumenvase

### MOTIVGRÖSSE

24 cm x 4 cm x 15 cm

### WERKZEUG UND HILFSMITTEL

- 2in1-Weißlack
- Mosaikkleber, transparent
- Mosaikzange mit Schneiderädchen oder Glasbeißzange
- Kreppklebeband
- Fugenmasse in Weiß

### TRÄGERMATERIAL

- Holzstück, 24 cm x 4 cm x 5,6 cm, mit vier Löchern

### SONSTIGES

- 4 Reagenzgläser

### MOSAIKMATERIAL

- 70 Mosaiksteine aus Murano Glas in Weiß, 2 cm x 2 cm x 0,4 cm
- 12 Mosaiksteine aus Soft Glas in Blau, 1 cm x 1 cm x 0,4 cm
- 12 Mosaiksteine aus Joy Glas in Hellblau, 1 cm x 1 cm x 0,4 cm
- 12 Mosaiksteine aus Joy Glas in Blau, irisierend, 1 cm x 1 cm x 0,4 cm

1. Das Holz mit Weißlack einstreichen und trocknen lassen.

2. Am unteren Rand des Holzstückes beginnen und ringsherum eine Reihe aus weißen Murano Glas-Steinen aufkleben. Anschließend auf der Oberkante des Holzstückes wiederholen. Lassen Sie die Steine auf der Oberseite 3 mm überstehen. So ergibt sich eine bündige Kante, wenn die Steine auf der Oberseite aufgeklebt sind, sowie eine Abschlusskante für die Mosaikmasse.

3. Mittig zwischen den beiden Reihen eine Reihe aus Soft-Glas & Joy-Glas anbringen, abwechselnd in Blau, Hellblau und irisierendem Blau.

4. Die Oberseite mit Murano Glas-Steinen bekleben. Die Steine um die Aussparungen für die Reagenzgläser mithilfe der Glasbeißzange (Seite 16) oder der Mosaikzange (Seite 14) bearbeiten. Frei gebliebene Stellen können später mit der weißen Fugenmasse kaschiert werden.

5. Wenn der Kleber getrocknet ist, vor dem Verfugen die Holzunterseite mit Kreppklebeband abkleben. Die Fugenmasse anrühren und das Objekt verfugen (Seite 17–19).

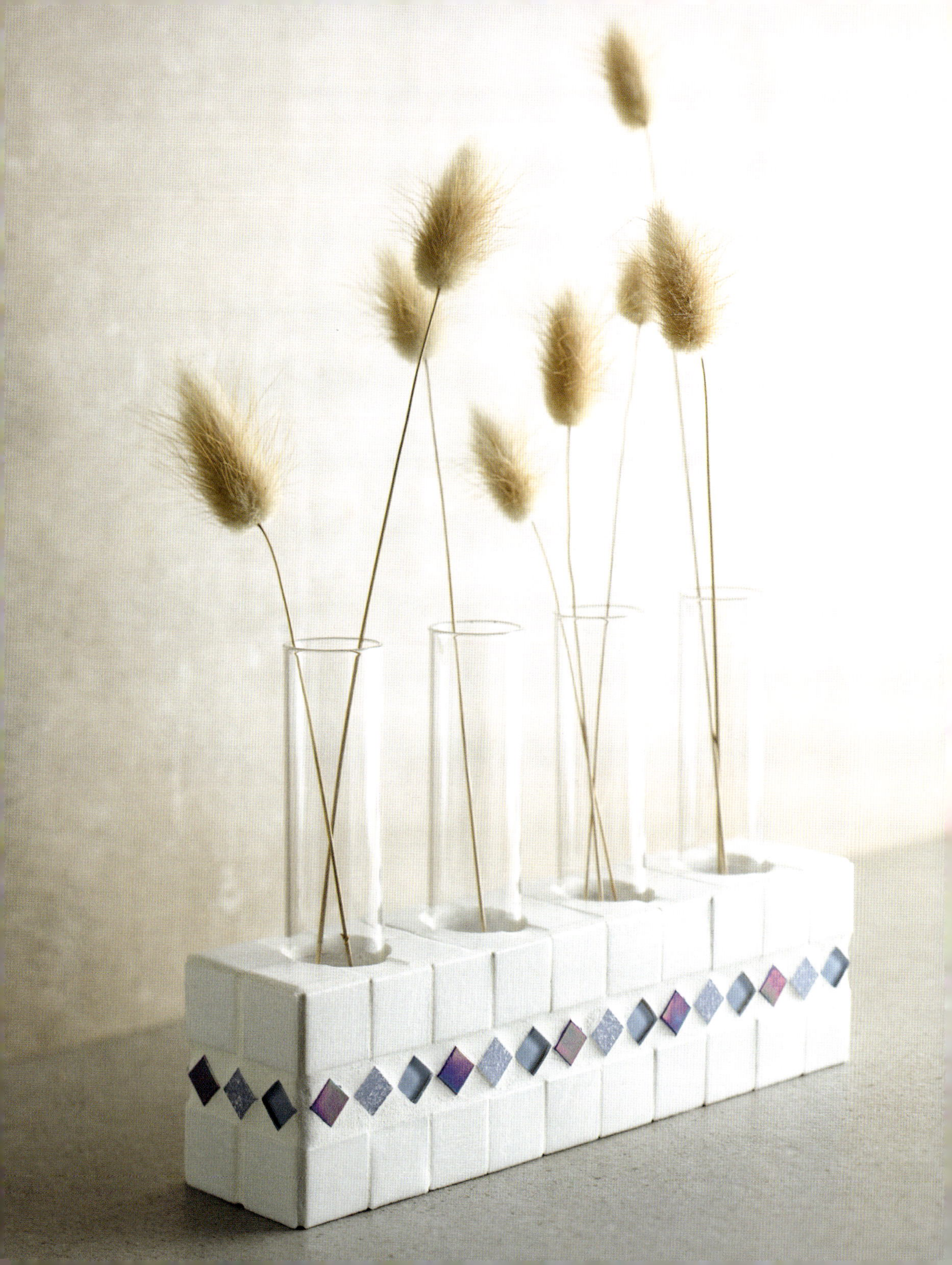

# BEISTELLTISCH

individuell und vielfach einsetzbar

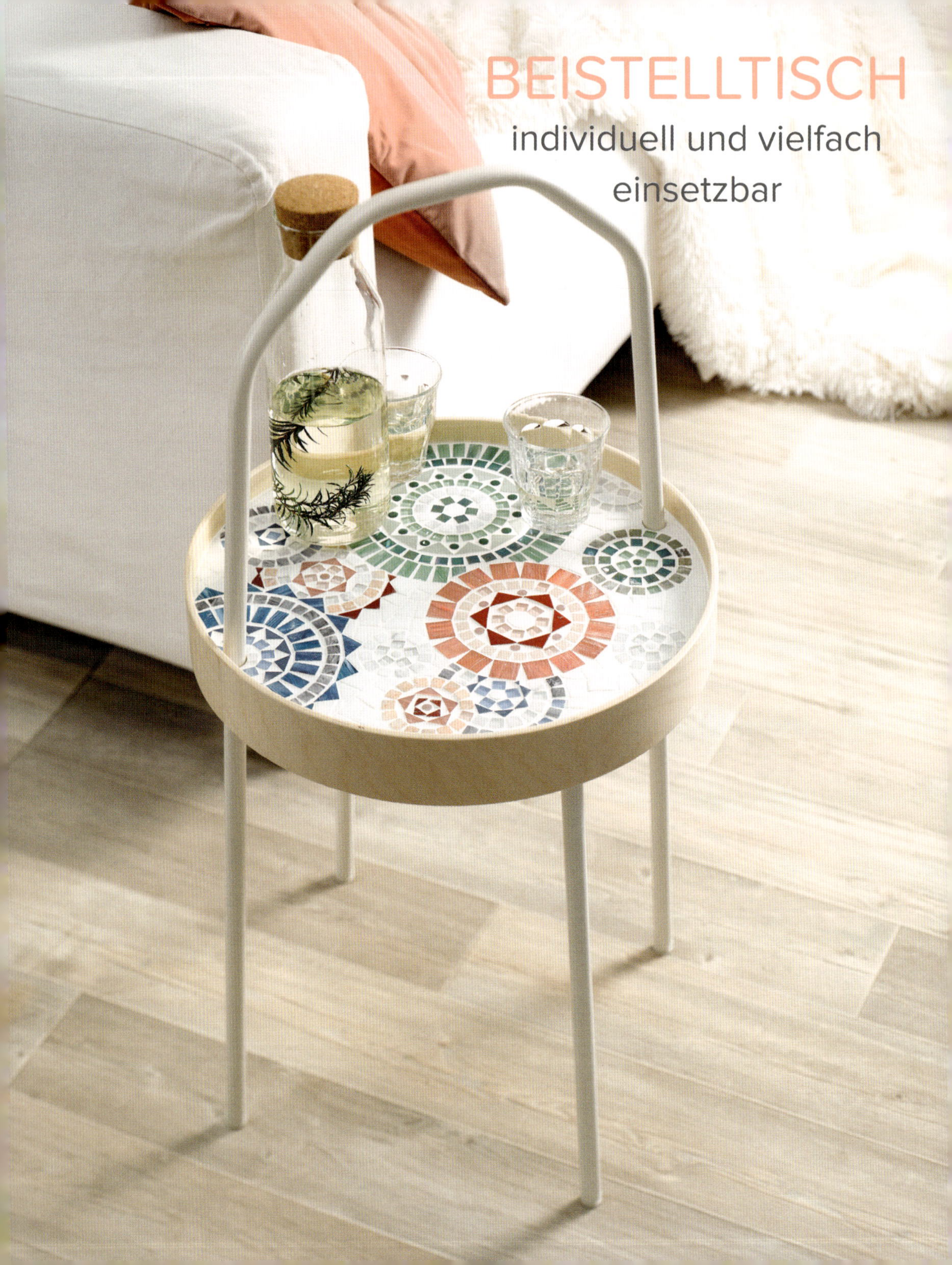

## MOTIVGRÖSSE
ø 39 cm, 78 cm hoch

## WERKZEUG UND HILFSMITTEL
- 2in1-Weißlack
- Glasschneider
- Brechzange
- Mosaikkleber, transparent
- Kreppklebeband
- Klarsichtfolie
- Fugenmasse in Weiß

## TRÄGERMATERIAL
- Beistelltisch aus Holz, ø 39 cm, 79 cm hoch

## MOSAIKMATERIAL
- 25 Mosaiksteine aus Murano Glas in Rosa, 2 cm x 2 cm x 0,4 cm
- 25 Mosaiksteine aus Joy Glas in Rosa, 1 cm x 1 cm x 0,4 cm
- 25 Mosaiksteine aus Marmor in Rosa, 1 cm x 1 cm x 0,4 cm
- 15 Mosaiksteine aus Soft Glas in Rosa, 1 cm x 1 cm x 0,4 cm
- 15 Mosaiksteine aus Murano Glas in Rot, 2 cm x 2 cm x 0,4 cm
- 8 Mini-Glas-Drops in Rosa, ø 0,8 cm
- 55 Mosaiksteine aus Marmor in Blau, 1 cm x 1 cm x 0,4 cm
- 20 Mosaiksteine aus Murano Glas in Blau, 2 cm x 2 cm x 0,4 cm
- 20 Mosaiksteine aus Soft Glas in Blau, 1 cm x 1 cm x 0,4 cm
- 60 Mosaiksteine aus Joy Glas in Grün, 1 cm x 1 cm x 0,4 cm
- 30 Mosaiksteine aus Soft Glas in Grün, 1 cm x 1 cm x 0,4 cm
- 25 Mosaiksteine aus Murano Glas in Grün, 2 cm x 2 cm x 0,4 cm
- 17 Mosaiksteine aus Marmor in Grün, 1 cm x 1 cm x 0,4 cm
- 25 Mosaiksteine aus Ceraton in Grün, 2 cm x 2 cm x 0,4 cm
- 14 Mini-Glas-Drops in Grün, ø 0,8 cm
- 35 Mosaiksteine aus Soft Glas in Weiß, 1 cm x 1 cm x 0,4 cm
- 30 Mosaiksteine aus Marmor in Weiß, 1 cm x 1 cm x 0,4 cm
- 25 Mosaiksteine aus Joy Glas in Weiß, 1 cm x 1 cm x 0,4 cm
- 60 Mosaiksteine aus Murano Glas in Weiß, 2 cm x 2 cm x 0,4 cm

## VORLAGE
Bogen B

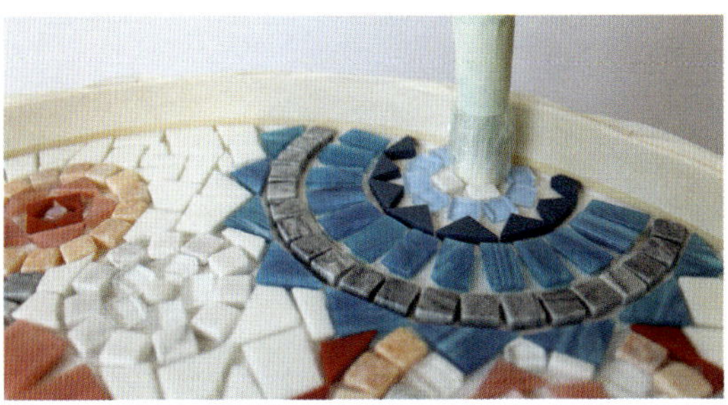

1. Damit die Leuchtkraft der Glassteine nicht verloren geht, die Mosaikfläche des Tisches mit Weißlack einstreichen.

2. Mit Hilfe der Vorlage die Kreise auf den Tisch übertragen. Der Reihe nach die Kreise anbringen: Den Kreis in Rosa (1), den Halbkreis in Blau (2), den Kreis in Grün (3), den kleinen, rosa Kreis (4), den kleinen, blauen Kreis (5), den blauen Kreis (6), den angeschnittenen, rosa Kreis (7), den kleinen, grünen Kreis (8) sowie die weißen Kreise (9–12). Die Kreise immer von außen nach innen aufkleben. Für die Dreiecke die Steine mit Glasschneider und Brechzange (Seite 12/13) halbieren.

3. Wenn alle Kreise geklebt sind, die Freiräume mit polygonal zugeschnittenen, weißen Murano Glas-Stücken füllen. Die Steine dazu zunächst mit Glasschneider und Brechzange bearbeiten.

4. Wenn der Kleber getrocknet ist, vor dem Verfugen den Rand des Tisches zum Schutz vor der Fugenmasse mit Kreppklebeband abkleben. Wenn Sie die Henkel des Tisches wieder entfernen möchten, vor dem Verfugen mit Klarsichtfolie abkleben. Möchten Sie den Tisch nicht mehr auseinander bauen, können Sie die Henkel mit verfugen. Die Fugenmasse anrühren und das Tablett verfugen (Seite 17–19).

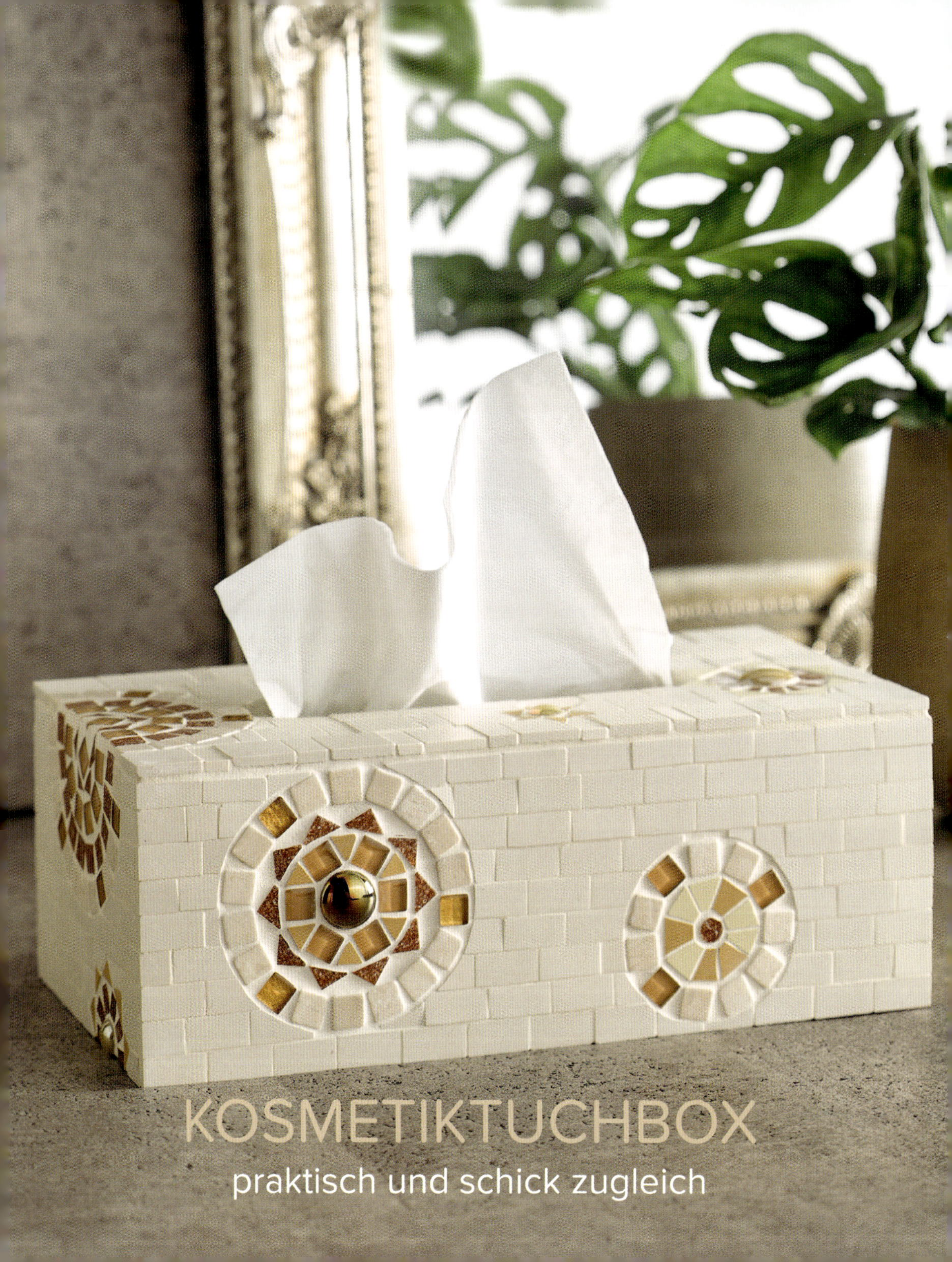

# KOSMETIKTUCHBOX

praktisch und schick zugleich

## MOTIVGRÖSSE

25 cm x 13 cm x 9 cm

## WERKZEUG UND HILFSMITTEL

- Universalgrundierung
- Zirkel
- Mosaikkleber, transparent
- Glasschneider
- Brechzange
- Mosaikzange mit Hartmetallbacken
- Kreppklebeband
- Fugenmasse in Sand

## TRÄGERMATERIAL

- Taschentuchbox aus Holz, 25 cm x 13 cm x 9 cm

## MOSAIKMATERIAL

- 15 Mosaiksteine aus Ceraton in Gelb, 2 cm x 2 cm x 0,4 cm
- 15 Mosaiksteine aus Ceraton in Gold, 2 cm x 2 cm x 0,4 cm
- 50 Mosaiksteine aus Marmor in Hellbeige, 1 cm x 1 cm x 0,4 cm
- 50 Mosaiksteine aus Joy Glas in Gold, 1 cm x 1 cm x 0,4 cm
- 50 Mosaikstein aus Soft Glas in Gold, 1 cm x 1 cm x 0,4 cm
- 5 Glas-Nuggets in Gold und Goldbraun, irisierend, ca. ø 1–2 cm
- 200 Mosaiksteine aus Ceraton in Weiß, 2 cm x 2 cm x 0,4 cm

1. Die Taschentuchbox mit Grundierung einstreichen und trocknen lassen.

2. Mit dem Zirkel Kreise und Halbkreise auf die Box zeichnen. Als Orientierungshilfe beim Legen des Musters noch ein Kreuz in der Mitte einzeichnen. Bei den Kreismustern von außen nach innen arbeiten. Form, Farbe und Material der Steine abwechseln. Für die Dreiecke und nach Bedarf die Steine mit Glasschneider und Brechzange (Seite 12/13) bearbeiten.

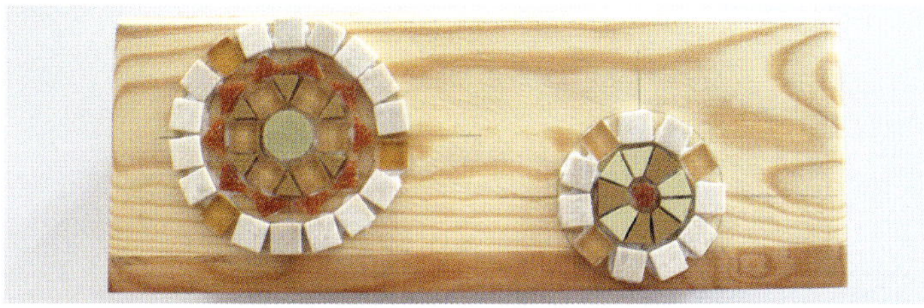

*Tipp: Die Glas-Nuggets in der Kreismitte am besten zum Schluss aufkleben, damit die Box nicht wackelt, während die andere Seite beklebt wird.*

3. Wenn alle Kreismuster angebracht sind, die weißen Ceraton-Steine mit Glasschneider und Brechzange halbieren. Sobald die Kreise getrocknet sind, die zwei kurzen Seiten bekleben. Arbeiten Sie in Reihen von unten nach oben und lassen Sie an den Außenkanten sowie an der Oberkante der Box ca. 1–2 mm bis zur Kante frei. Es ergibt ein schöneres Muster, wenn Sie die Steine jeder Reihe leicht versetzt zur Reihe davor aufkleben. Die Steine um die Kreismuster mit der Mosaikzange (Seite 15) anpassen.

4. Wiederholen Sie dies an den langen Seiten der Box. Dabei den ersten Stein bündig zur Außenkante der Seitenfläche setzen.

5. Wenn alles getrocknet ist, je einen ganzen Ceraton-Stein an jede der vier Ecken auf der Oberseite bündig zu den Seitenflächen platzieren. Zum Schuss die noch fehlenden Glasnuggets in die Kreismotive einkleben. Umrunden Sie die Öffnung in der Mitte mit halben Steinen. Die Oberseite der Box mit ganzen oder halben Steinen bekleben. Freiräume können mit der Fugenmasse gefüllt werden.

6. Wenn der Kleber getrocknet ist, vor dem Verfugen die Unterseite der Box zum Schutz vor der Fugenmasse mit Kreppklebeband abkleben. Die Fugenmasse anrühren und verfugen (Seite 17–19).

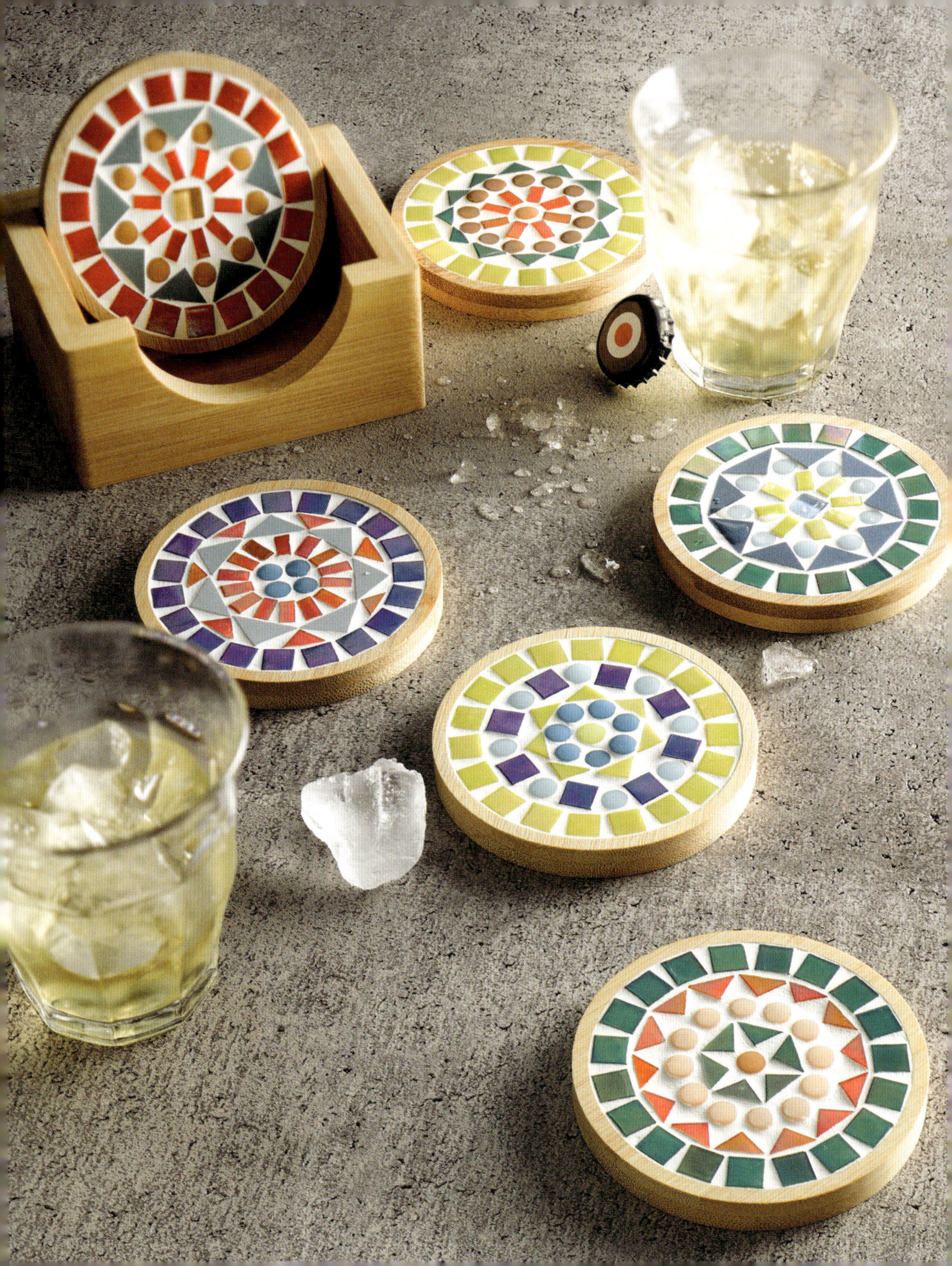

# UNTERSETZER

## als Farbtupfer auf dem Tisch

### MOTIVGRÖSSE
ø 9 cm

### WERKZEUG UND HILFSMITTEL
- 2in1-Weißlack
- Glasschneider
- Brechzange
- Mosaikzange mit Schneiderädchen
- Holzkleber
- Fugenmasse in Weiß

### TRÄGERMATERIAL
- Untersetzer aus Bambus mit 4 mm Vertiefung, ø 9 cm

### MOSAIKMATERIAL
- 45 Mosaiksteine aus Joy Glas in Gelb, irisierend, 1 cm x 1 cm x 0,4 cm
- 45 Mosaiksteine aus Joy Glas in Grün, irisierend, 1 cm x 1 cm x 0,4 cm
- 25 Mosaiksteine aus Joy Glas in Rot, irisierend, 1 cm x 1 cm x 0,4 cm
- 25 Mosaiksteine aus Joy Glas in Blau, irisierend, 1 cm x 1 cm x 0,4 cm
- 60 Mini-Glas-Drops in Gelb, Orange, Grün und Blau, ø 0,8 cm
- je 10 Mosaiksteine aus Ceraton in Hellblau, Blau und Grün, 2 cm x 2 cm x 0,4 cm

**1.** Die Innenseite der Untersetzer mit Weißlack einstreichen und trocknen lassen.

**2.** Zum Anpassen der Steine Glasschneider und Brechzange oder die Mosaikzange verwenden (Seite 12–14).

**3.** Beginnen Sie am äußeren Rand und arbeiten Sie sich Kreis für Kreis in die Mitte vor. Legen Sie im Wechsel ganze Steine, Mini-Glas-Drops und Dreiecke und befestigen Sie diese mit Holzkleber. Es dürfen gerne größere Freiräume bleiben. Diese werden später mit Fugenmasse gefüllt.

**4.** Wenn der Kleber getrocknet ist, die Fugenmasse anrühren und das Objekt verfugen (Seite 17–19).

# SCHALE

## für frisches Obst

### MOTIVGRÖSSE

ø 30 cm

### WERKZEUG UND HILFSMITTEL

- Universalgrundierung
- Glasschneider
- Brechzange
- Mosaikkleber, transparent
- Fugenmasse in Schwarz

### TRÄGERMATERIAL

- Bambusschale, ø 30 cm

### MOSAIKMATERIAL

- Streifen aus Tiffanyglas in Rot, Gelb und Orange, 2–3 cm x 0,4 cm
- 4 Mosaiksteine aus Soft Glas in Rot, 1,5 cm x 1,5 cm x 0,4 cm
- Glas-Nuggets in Rot, Gelb und Orange, ø 1–2 cm
- 140 Mosaiksteine aus Ceraton in Schwarz, 2 cm x 2 cm x 0,4 cm

**1.** Die Bambusschale auf der Oberseite mit Universalgrundierung einstreichen und trocknen lassen.

**2.** Freihand drei Kreise im Abstand von ca. 3–4 cm auf die Schale zeichnen. In der Mitte der Schale beginnen. Die Kreise dürfen gerne eine leichte Wellenbewegung haben. Die Linien dienen der Orientierung beim Aufkleben der Glasstreifen und Nuggets. Die oberste Linie sollte mind. 3–4 cm vom Rand entfernt sein.

**3.** Die Tiffanyglasplatten mit Glasschneider und Brechzange (Seite 12/13) zuschneiden. Die Streifen dürfen unterschiedlich lang sein. Sie werden auf die Kreislinien geklebt. Die Glasnuggets und die Soft Glas-Steine dazwischen einbauen. Zwischen den Glasstreifen der obersten Reihe und dem Schalenrand sollten immer min. 2 cm frei sein.

**4.** Wenn Sie die drei Kreise geklebt haben, eine Reihe Ceraton-Steine entlang des Schalenrandes befestigen. Wenn es nicht ganz aufgeht, passen Sie den letzten Stein mit Glasschneider und Brechzange an. Füllen Sie die Freifläche mit polygonalen, schwarzen Ceraton-Steinen auf.

**5.** Wenn alles getrocknet ist, die schwarze Fugenmasse anrühren und die Schale verfugen (Seite 17–19).

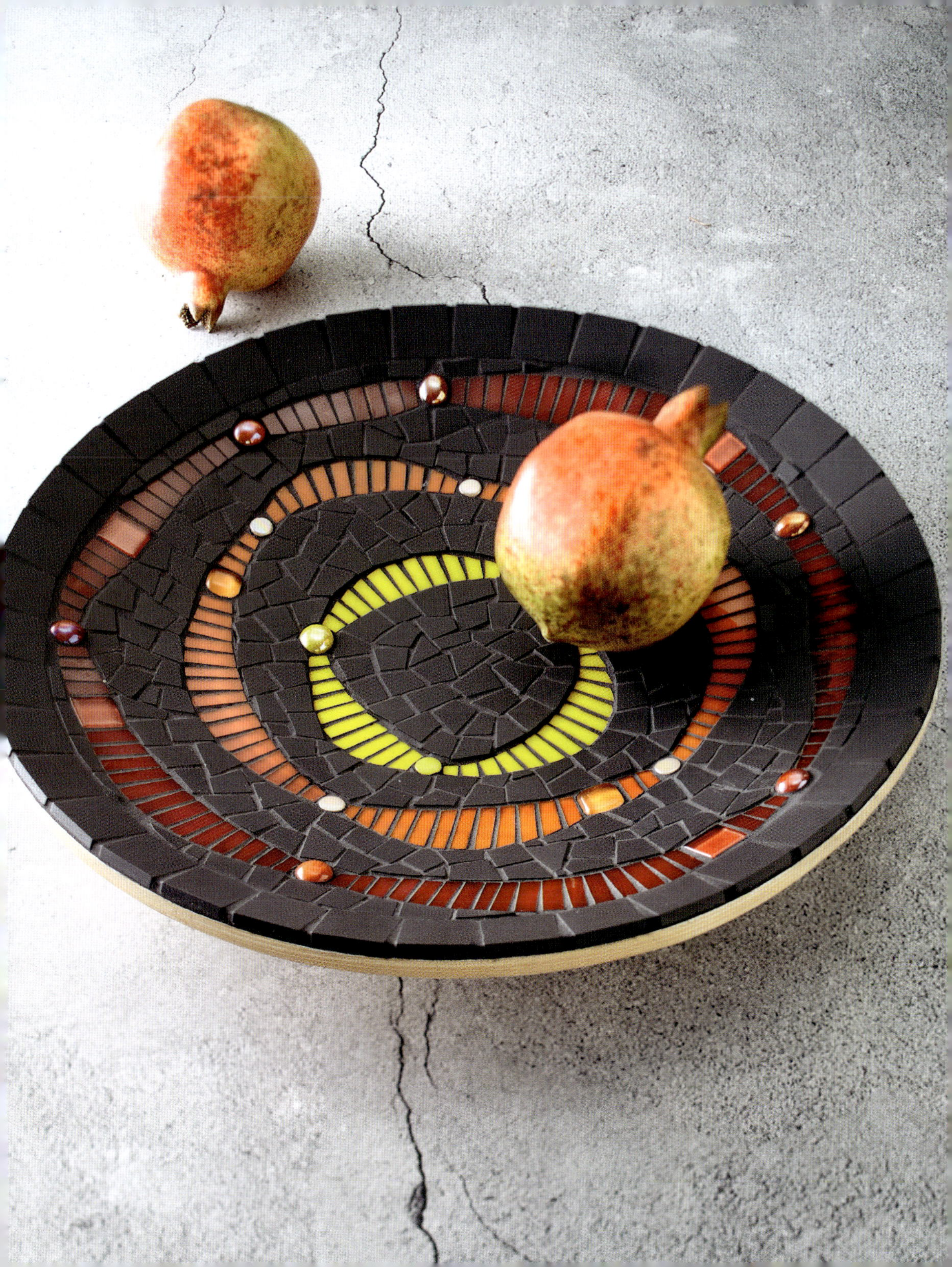

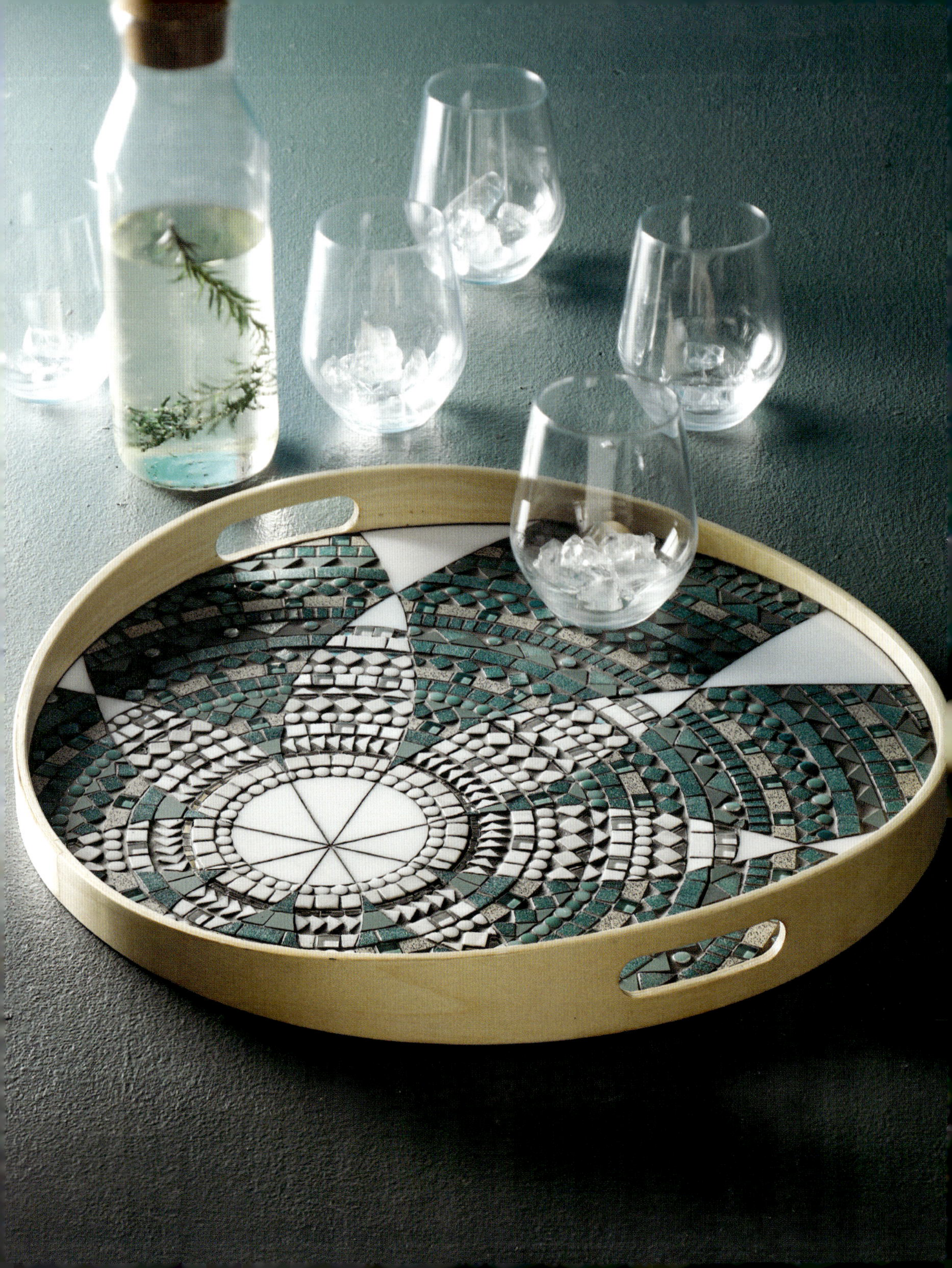

# TABLETT
## mit Blumenmuster

●●●

### MOTIVGRÖSSE
ø 43 cm

### WERKZEUG UND HILFSMITTEL
- 2in1-Weißleim
- Glasschneider
- Brechzange
- Mosaikzange mit Schneiderädchen
- Mosaikkleber, transparent
- Zirkel
- Fugenmasse in Anthrazit

### TRÄGERMATERIAL
- Holztablett, ø 43 cm

### MOSAIKMATERIAL
- 2 Tiffany-Flachglasplatten in Weiß, blickdicht, 15 cm x 10 cm x 0,4 cm
- 60 Mosaiksteine aus Murano Glas in Türkis, 2 cm x 2 cm x 0,4 cm
- 60 Mosaiksteine aus Joy Glas in Türkis, 1 cm x 1 cm x 0,4 cm
- 30 Mosaiksteine aus Joy Glas in Weiß, 1 cm x 1 cm x 0,4 cm
- 60 Mosaiksteine aus Ceraton in Türkis, 2 cm x 2 cm x 0,4 cm
- 60 Mosaiksteine aus Ceraton in Puntos, 2 cm x 2 cm x 0,4 cm
- 60 Mosaiksteine aus Soft Glas in Türkis, 1 cm x 1 cm x 0,4 cm
- 40 Mosaiksteine aus Soft Glas in Weiß, 1 cm x 1 cm x 0,4 cm
- 40 Mosaiksteine aus Marmor in Weiß, 1 cm x 1 cm x 0,4 cm
- 80 Mini-Glas-Drops in Türkis, ø 0,8 cm
- 70 Mini-Glas-Drops in Weiß, ø 0,8 cm
- 50 Spiegelglassteine, 2 cm x 2 cm x 0,4 cm

### VORLAGE
Bogen A

1. Das Tablett mit Weißlack einstreichen und trocknen lassen. Das Muster von der Vorlage auf das Tablett übertragen.

2. Den Kreis und die Spitzen der Blütenblätter mithilfe der Vorlage auf das Tiffanyglas übertragen und mit Glasschneider, Brechzange und Mosaikzange (Seite 12–14) zuschneiden. Schneiden Sie zunächst den Kreis im Zentrum aus und trennen Sie diesen dann in die einzelnen Blütenabschnitte auf.

3. Die Teile des Kreises auf dem Tablett anbringen. Ggf. die Zeichnung auf dem Tablett abändern, wenn die Mosaikstücke eine etwas andere Form haben und die Schablonen der Randstücke an die geänderte Form anpassen. Die Flachglasstücke für den Randbereich und die Spitzen der Blütenblätter zuschneiden.

4. Wenn das Tiffanyglas aufgeklebt ist, die Außenformen der Blütenblätter nachziehen, damit die Linien deutlich erkennbar sind. Arbeiten Sie sich Kreis für Kreis von der Mitte aus bis zum Rand vor und kleben Sie die Mosaiksteine auf. Nach Belieben die Materialien, Formen und Farben der Mosaikstücke abwechseln. Die Linien der Blütenblätter sollten frei und das Kreismuster erhalten bleiben. Hilfslinien mit einem Zirkel sind dabei sehr nützlich. Die Steine nach Bedarf und für die dreieckigen Formen mit Glasschneider und Brechzange bearbeiten.

5. Wenn alles gut getrocknet ist, die Fugenmasse anrühren und das Objekt verfugen (Seite 17–19).

# VASE

## in Schwarz und Weiß

●●●

### MOTIVGRÖSSE

ø 8 cm, 27,5 cm hoch

### WERKZEUG UND HILFSMITTEL

- Mosaikkleber, transparent
- Maßband
- Fineliner
- Glasschneider
- Brechzange
- Fugenmasse in Silbergrau

### TRÄGERMATERIAL

- Glaszylinder, ø 8 cm, 27,5 cm hoch

### MOSAIKMATERIAL

- 103 Perlmuttplättchen, 2,5 cm x 1,5 cm
- 180 Mosaiksteine aus Marmor in Schwarz, 1 cm x 1 cm x 0,4 cm
- 36 Spiegelglas-Streifen, ca. 2 cm x 0,5 cm
- 48 Spiegelglas-Streifen, ca. 1 cm x 0,5 cm

1. Glaszylinder von Staub reinigen.

2. Die erste Reihe Perlmuttplättchen um den oberen Rand der Vase kleben (17 Stück). Die zweite Reihe mit der Fuge versetzt darunter anbringen. Wiederholen Sie dies, bis Sie fünf Reihen Perlmuttplättchen aufgeklebt haben.

3. Mithilfe eines Maßbandes oberhalb der letzten Reihe Perlmuttplättchen alle 4,3 cm mit einem Fineliner eine Linie auf das Glas zeichnen. Jeweils rechts und links der Linie ein Perlmuttplättchen aufkleben und mittig darunter ein weiteres Plättchen anbringen.

4. Jeweils mittig unter das Perlmuttplättchen zuerst einen Marmorstein, dann zwei Marmorsteine und zuletzt drei Marmorsteine kleben, sodass eine Pyramide entsteht.

5. Ab der vierten Reihe rings um die Vase Reihen aus Marmorsteinen bis zum Boden kleben. Die Steine jeder neuen Reihe leicht versetzt zur vorherigen anbringen.

*Tipp: Eine etwas größere Fuge kann die Höhenunterschiede zwischen Spiegelglas und Marmorsteinen ausgleichen.*

6. Wenn der Kleber getrocknet ist, können die freien Felder mit den Spiegelglas-Streifen gefüllt werden. Das Spiegelglas mit Glasschneider und Brechzange (Seite 12/13) bearbeiten. Vom oberen Vasenrand, je erst zwei, dann vier Streifen der Größe 2,0 cm x 0,5 cm aufkleben. Es folgen vier kleine Spiegelglas-Streifen, dann drei und zuletzt ein Streifen der Größe 1,0 cm x 0,5 cm.

7. Die Fugenmasse anrühren und die Vase verfugen (Seite 17–19).

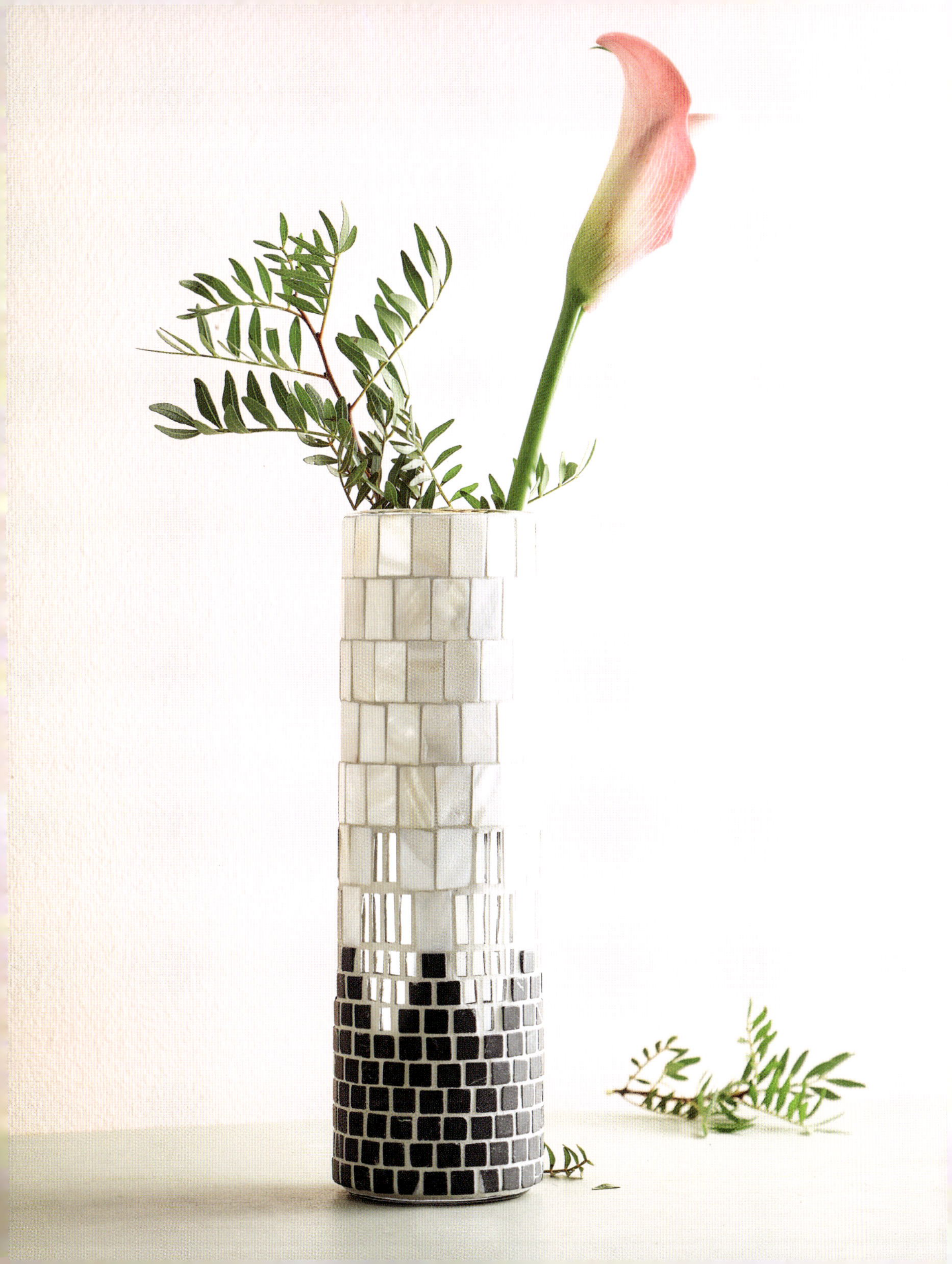

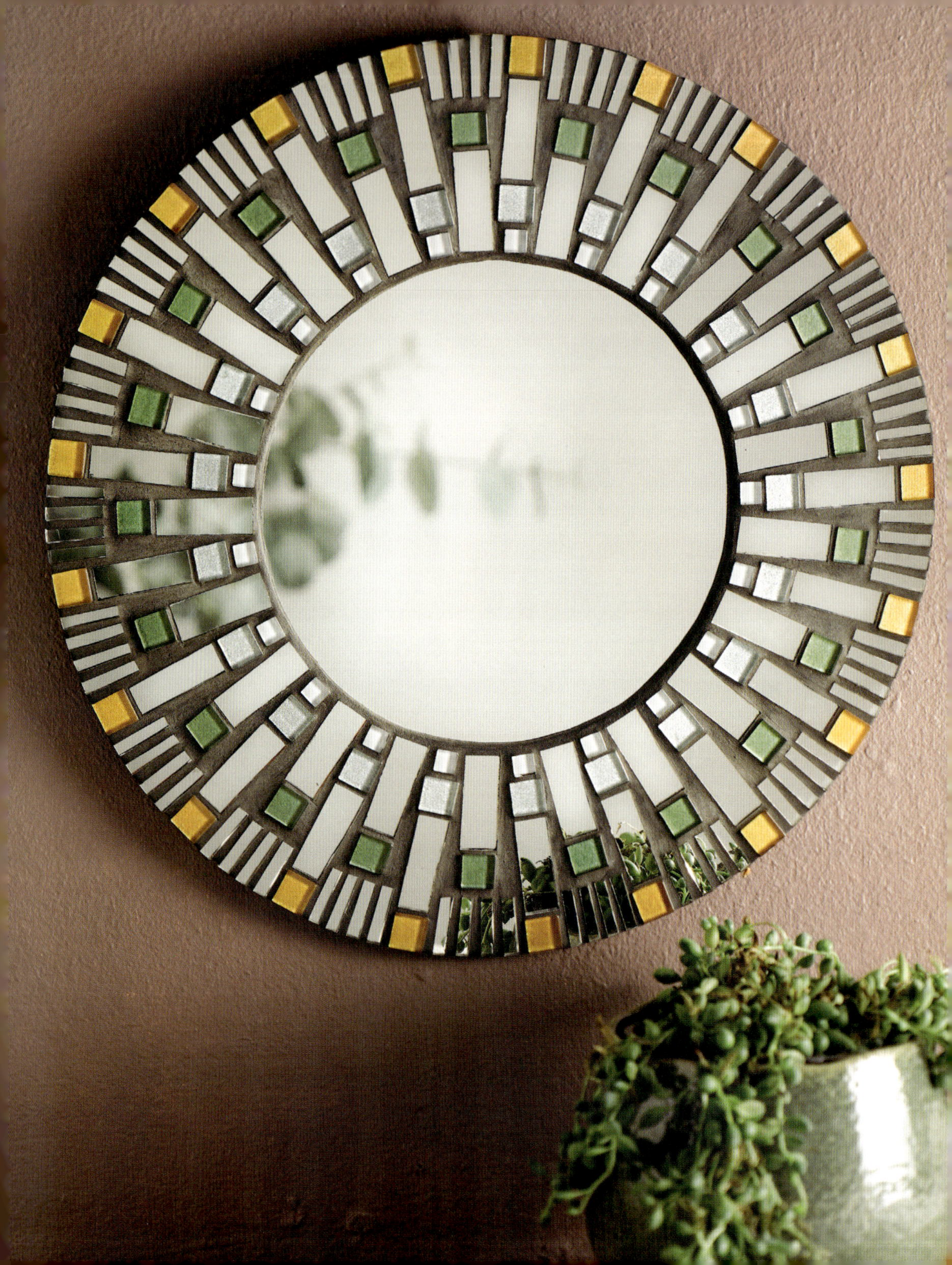

# SPIEGEL

## als schöne Wanddekoration

### MOTIVGRÖSSE
ø 38 cm

### WERKZEUG UND HILFSMITTEL
- Glasschneider
- Brechzange
- Mosaikkleber, transparent
- Holzstäbchen
- Fugenmasse in Anthrazit

### TRÄGERMATERIAL
- Spiegel, rund, ø 38 cm

### MOSAIKMATERIAL
- Spiegel zum Zerschneiden, ca. 3 mm dick, ca. 35 cm² für die Herstellung von:
  42 Spiegelglas-Streifen, 1,5 cm x 4 cm
  84 Spiegelglas-Streifen, 0,5 cm x 2,5 cm
- 21 Mosaiksteine aus Soft Glas in Weiß, 1 cm x 1 cm
- 21 Mosaiksteine aus Soft Glas in Silber, 1,5 cm x 1,5 cm
- 21 Mosaiksteine aus Soft Glas in Gold/Gelb, 1,5 cm x 1,5 cm
- 21 Mosaiksteine aus Soft Glas in Grün, 1,5 cm x 1,5 cm

### VORLAGE
Bogen B

1. In der Mitte des Spiegels einen Kreis (ø 20,5 cm) aufzeichnen. Hierfür können Sie die Vorlage als Schablone verwenden.

2. Spiegelstreifen mit Brechzange und Glasschneider zuschneiden (Seite 12/13). Dazu erst einen 4 cm bzw. 2,5 cm breiten, langen Streifen anfertigen und diesen in kleinere Rechtecke unterteilen.

3. Kleben Sie in der Reihenfolge 1–4 (Vorlage) die Mosaiksteine auf.

   a. Beginnend am Innenkreis des Spiegels abwechselnd 21 Spiegelstreifen (1,5 cm x 4 cm) und 21 weiße Soft Glas-Steine aufkleben.

   b. Die silbernen Soft Glas-Steine mit 2–3 mm Abstand hinter den weißen Soft Glas-Steinen platzieren und aufkleben.

   c. Hinter den silbernen Soft Glas-Steinen je einen Spiegelstreifen (1,5 cm x 4 cm) und einen goldenen Soft Glas-Stein anbringen. Dabei zunächst die goldenen Steine bündig zum Spiegelrand aufkleben und dann die Spiegelstreifen mittig im Freiraum platzieren.

   d. Die grünen Soft Glas-Steine mit 1–2 mm hinter den Spiegelstreifen am Innenrand festkleben.

   e. Jeweils vier Spiegelstreifen (0,5 cm x 2,5 cm) zwischen den goldenen Steinen bündig zum Spiegelrand anbringen.

*Tipp: Die Steine lassen sich nach dem Aufkleben noch kurze Zeit verschieben, sodass Korrekturen möglich sind.*

4. Wenn der Kleber klar ausgehärtet ist, können Sie mit dem Verfugen beginnen (Seite 17–19).

*Tipp: Vor dem Verfugen größere Klebereste auf Steinen oder an Stellen, die nicht verfugt werden, entfernen. Dies geht gut mit einem kleinen Holzspieß. Warten Sie, bis der Kleber etwas angezogen hat, dann lassen sich die Reste einfach abkratzen.*

# DEKOHERZ

## als romantisches Geschenk

### MOTIVGRÖSSE
ca. 16 cm x 8 cm

### WERKZEUG UND HILFSMITTEL
- Mosaikzange mit Schneiderädchen
- Mosaikkleber, transparent
- Holzstäbchen
- Fugenmasse in Silbergrau

### TRÄGERMATERIAL
- Styroporherz, ca. 16 cm x 8 cm

### MOSAIKMATERIAL
- mind. 2 Porzellantassen und Untertassen mit Blümchenmuster

1. Das Styroporherz muss nicht vorbereiten werden. Sie können direkt mit dem Bekleben beginnen.

2. Trennen Sie mit der Mosaikzange die Henkel an den Tassen ab (Seite 14). Die Henkel bieten keine große Klebefläche. Damit sie gut halten, sollten sie Sie nacheinander aufkleben und jeweils über Nacht trocken lassen. Klemmen Sie das Herz zwischen ein paar Büchern ein, sodass der Henkel während des Trockenvorgangs nicht herunterrutscht.

3. Zerteilen Sie mit der Mosaikzange Tassen und Untertassen in Stücke von ca. 1–3 cm. Die gebogenen Stücke der Tassen eignen sich besonders gut für den oberen, runden Bereich des Herzens.

4. Zuerst die größeren Teile anbringen, auch wenn Zwischenräume frei bleiben. Kleinere Spalten füllt später die Fugenmasse. Größere Lücken können mit Porzellanstücken gefüllt werden.

5. Nach dem Trocknen überschüssigen Kleber mit einem Holzstäbchen abkratzen. Die Fugen zwischen dem Porzellan sollten frei von Kleber sein, damit die Fugenmasse noch Platz hat. Fugenmasse anrühren und verfugen (Seite 17–19).

*Tipp: Für das Projekt kann jedes Porzellan verwendet werden. Dünneres Porzellan lässt sich jedoch einfacher verarbeiten.*

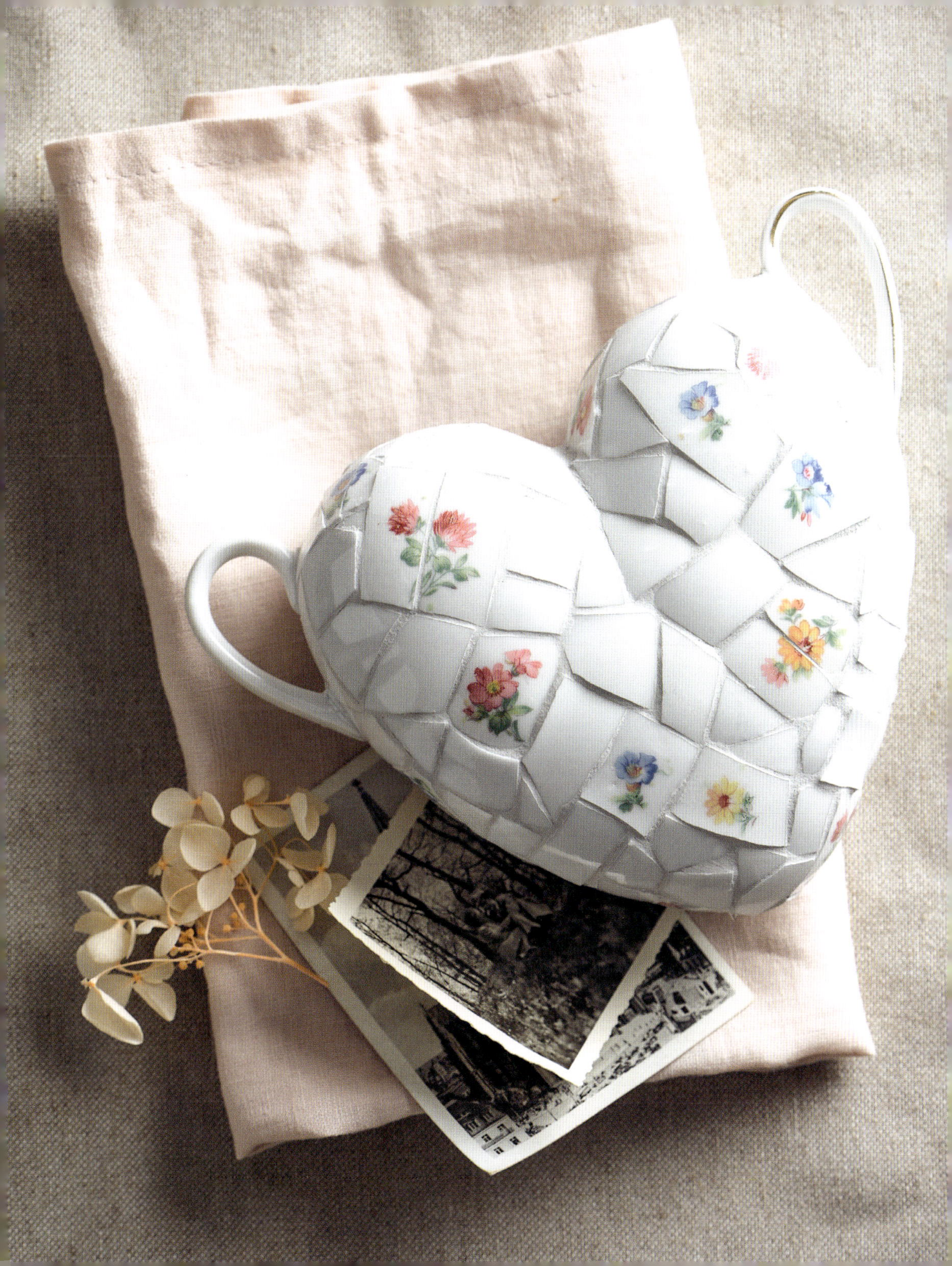

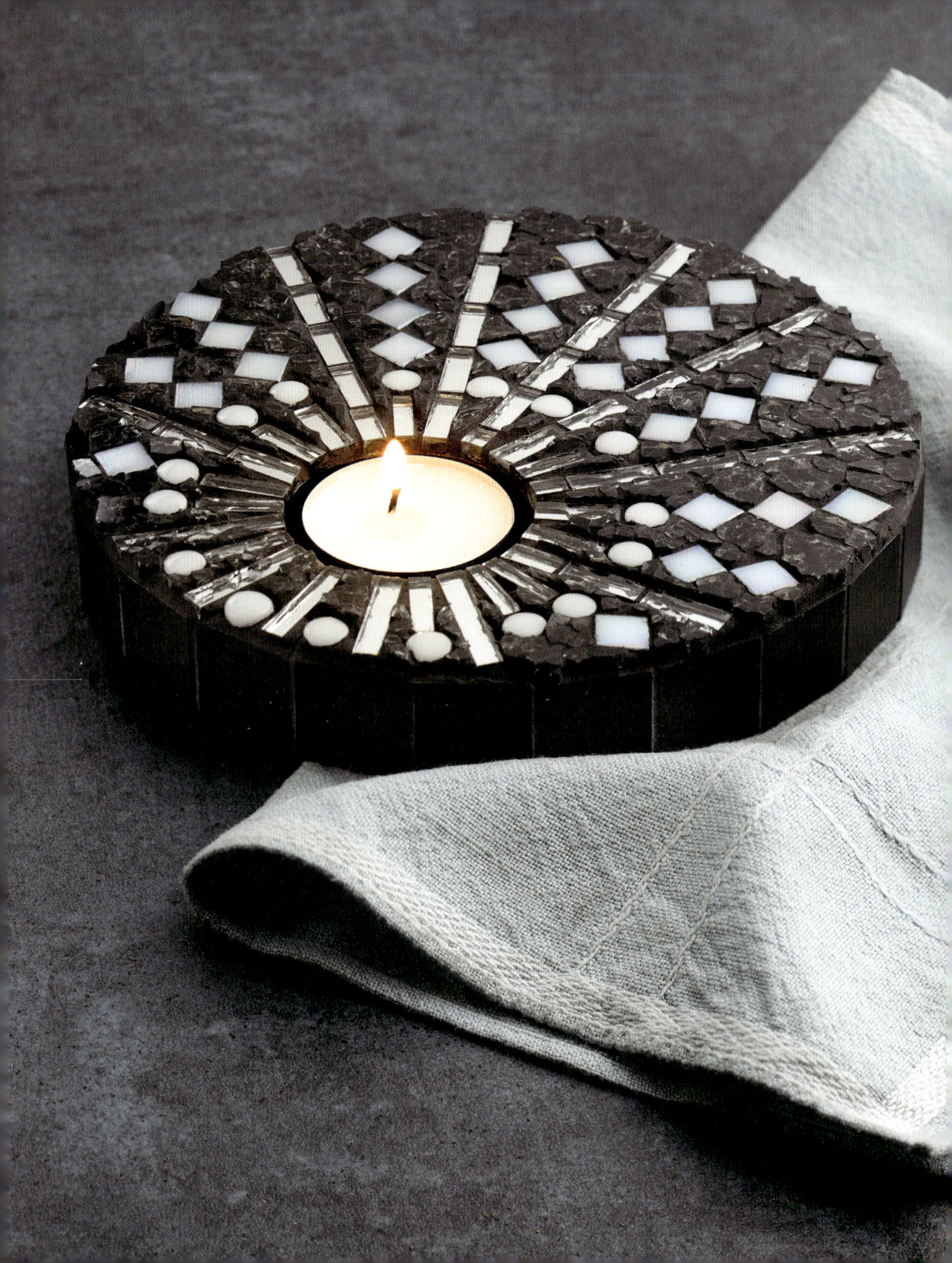

# TEELICHT

## schlicht und kunstvoll

### MOTIVGRÖSSE
ø 15,5 cm, 2,0 cm hoch

### WERKZEUG UND HILFSMITTEL
- 2in1-Weißlack
- Glasschneider
- Brechzange
- Mosaikkleber, transparent
- Fugenmasse in Schwarz
- 2in1-Buntlack in Schwarz

### TRÄGERMATERIAL
- Holzteelicht, ø 15,5 cm, 2 cm hoch

### MOSAIKMATERIAL
- 23 Mosaiksteine aus Ceraton in Schwarz, 2 cm x 2 cm x 0,4 cm
- ca. 50 Spiegelglas-Streifen, ca. 1–2 cm x 0,5 cm
- 16 Mini-Glas-Drops in Weiß, ø 0,8 cm
- 28 Mosaiksteine aus Joy Glas in Weiß, irisierend, 1 cm x 1 cm x 0,4 cm
- Crackle-Glas in Schwarz, ca. 10 cm x 10 cm

### VORLAGE
Bogen B

1. Das Holzteelicht mit Weißlack einstreichen und trocknen lassen.

2. Den Rand des Teelichts mit einer Reihe Ceraton-Steine bekleben.

3. Auf der Oberseite die Linien für die Spiegelglas-Streifen einzeichnen (Vorlage).

4. Das Spiegelglas mit Glasschneider und Brechzange (Seite 12/13) bearbeiten. Die Streifen aus Spiegelglas, die bis zum Rand reichen, anbringen. Die Spiegelglas-Steine und die Mini-Glas-Drops in den Zwischenräumen aufkleben. Die weißen Joy Glas-Steine hinter den Mini-Glas-Drops platzieren.

5. Sobald alles getrocknet ist, die Oberseite mit Crackle-Glas-Steinen auffüllen. Die schwarze Fugenmasse füllt die frei gebliebenen Stellen auf.

6. Die Fugenmasse anrühren und das Teelicht verfugen (Seite 17–19).

7. Wenn die Fugenmasse getrocknet ist, die Aussparung für das Licht mit Buntlack bemalen.

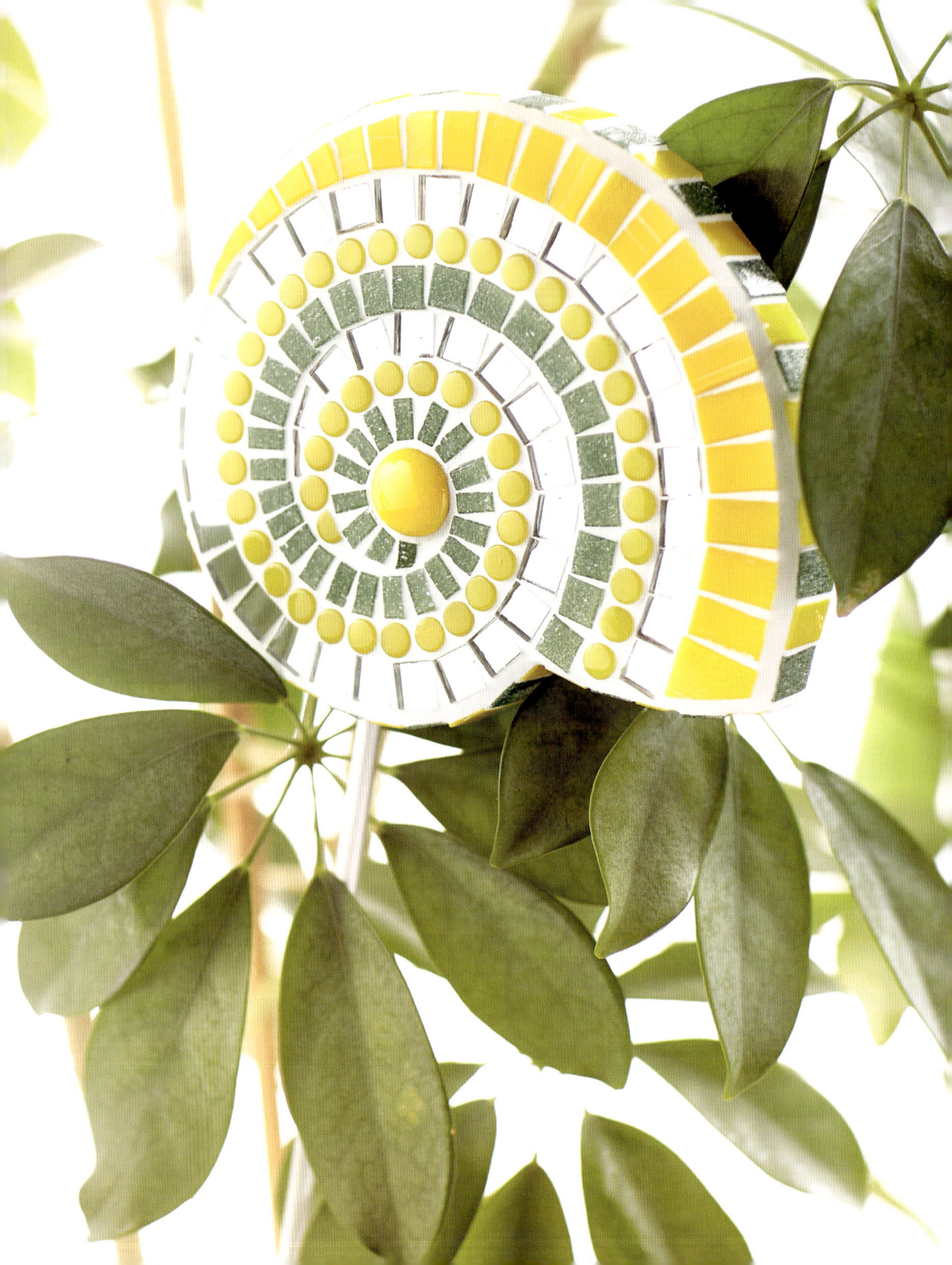

# BLUMENSTECKER

## für das Beet oder die Zimmerpflanze

### MOTIVGRÖSSE

ca. 17 cm x 14 cm x 2 cm

### WERKZEUG UND HILFSMITTEL

- Cuttermesser
- Schleifpapier
- Mosaikkleber, transparent
- Glasschneider
- Brechzange
- Nagelbohrer, ø 0,5 cm
- Klarsichtfolie
- Fugenmasse in Weiß

### TRÄGERMATERIAL

- Styrodurplatte, 2 cm dick

### SONSTIGES

- Alustab, ø 0,8 cm x 100 cm

### MOSAIKMATERIAL

- 1 Glas Nugget in Gelb
- 1 Glas Nugget in Grün
- 35 Mosaiksteine aus Joy Glas in Gelb, 2 cm x 2 cm x 0,4 cm
- 35 Mosaiksteine aus Joy Glas in Grün, 2 cm x 2 cm x 0,4 cm
- 50 Mini-Glas-Drops in Gelb, ø 0,8 cm
- 50 Mini-Glas-Drops in Grün, ø 0,8 cm
- 90 Mosaiksteine aus Spiegelglas, 1 cm x 1 cm x 0,4 cm
- 25 Mosaiksteine aus Murano Glas in Grün, 2 cm x 2 cm x 0,4 mm
- 25 Mosaiksteine aus Murano Glas in Gelb, 2 cm x 2 cm x 0,4 mm

### VORLAGE

Bogen A

**1.** Die Form mithilfe der Vorlage auf die Styrodurplatte übertragen, mit einem Cuttermesser ausschneiden und mit Schleifpapier bearbeiten (Seite 9). Die fertige Form von Staub befreien.

**2.** Übertragen Sie das Muster von der Vorlage auf die Styrodurplatte. Auf einer Seite ein gelbes Glas Nugget in die Mitte kleben. Dann grüne Joy Glas-Steine, gelbe Mini-Glas-Drops, Spiegelglas-Steine und gelbe Murano Glas-Steine anbringen. Wiederholen Sie das Muster mit getauschten Farben auf der Rückseite.

**3.** Markieren Sie auf der unteren Seitenfläche den Punkt, an dem der Aluminium-Stab angebracht werden soll.

**4.** Die Murano Glas-Steine mit Glasschneider und Brechzange (Seite 12/13) halbieren und im Wechsel gelbe und grüne Steine auf die Außenseite der Form kleben. Um die Markierung für den Aluminium-Stab einen Freiraum lassen.

**5.** Mit dem Nagelbohrer ein ca. 8 cm tiefes Loch in das Styrodur bohren. Testen Sie, ob der Stab hält, und nehmen Sie ihn wieder heraus.

**6.** Wenn der Kleber ausgehärtet ist, das Objekt verfugen (Seite 17–19). Vor dem Verfugen einen Bleistift umwickelt mit Klarsichtfolie in das Loch für den Alustab stecken, damit es beim Verfugen nicht mit Fugenmasse gefüllt wird. Bevor die Fugenmasse ganz getrocknet ist, den Bleistift entfernen.

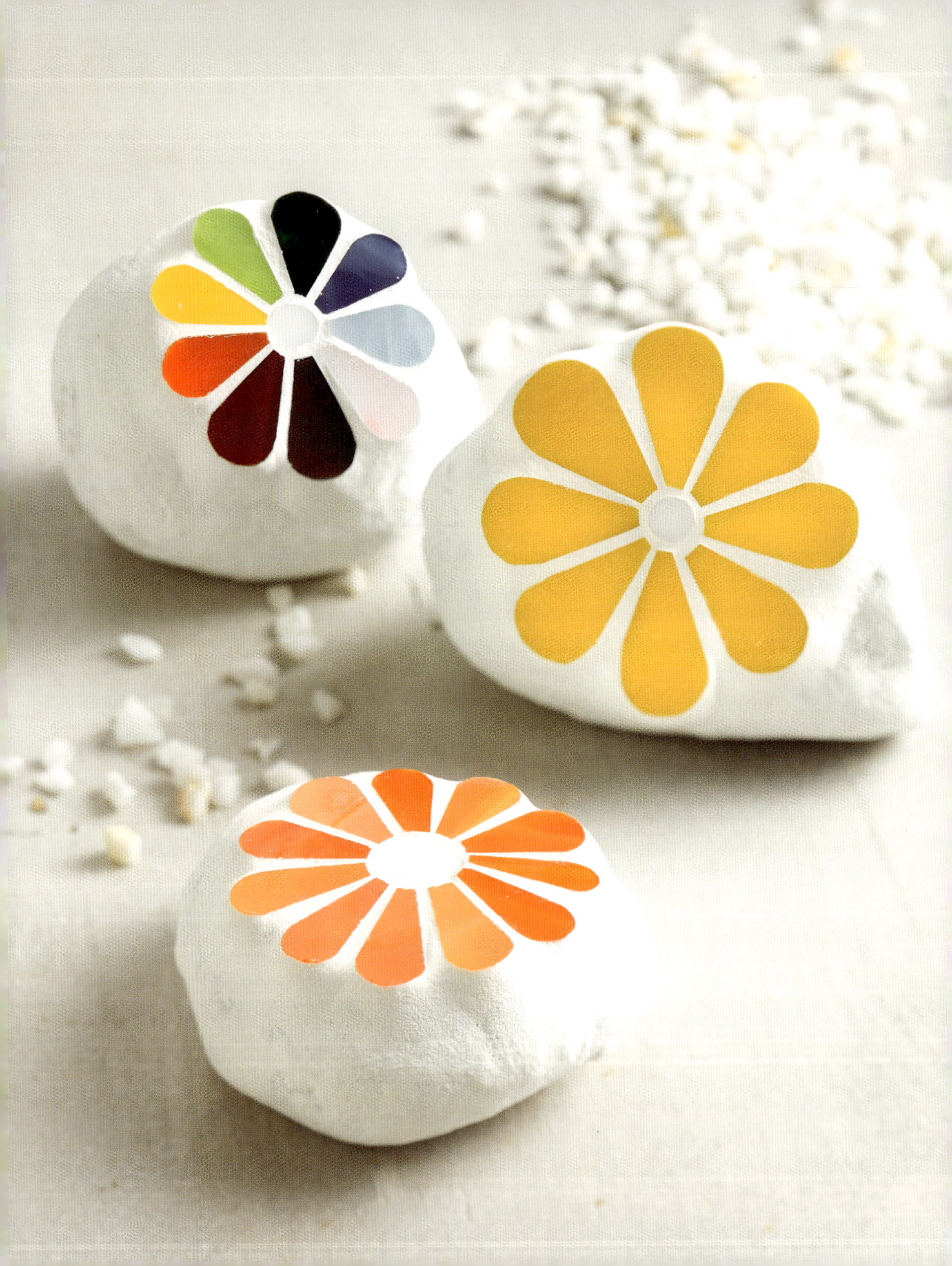

# DEKOSTEINE

## als wunderschöne Briefbeschwerer

### MOTIVGRÖSSE
ca. ø 4–7 cm

### WERKZEUG UND HILFSMITTEL
- Glasbeißzange
- Mosaikkleber, transparent
- Fugenmasse in Weiß
- Glasschneider
- Brechzange

### TRÄGERMATERIAL
- Marmorkies

### MOSAIKMATERIAL
- Flachglas-Streifen oder -Plättchen in Gelb, Orange, Rosa, Rot, Blau, Grün und Weiß, 2 cm x 2 cm x 0,4 cm
- 3 Mini-Glasdrops in Weiß

1. Den Marmorkies gründlich mit Wasser und Bürste von Staub und Schmutz befreien. Steine, die auf einer Seite abgeflacht sind, eignen sich am besten, da sie sich leichter bearbeiten lassen.

2. Zunächst Flachglasplättchen 2 cm x 2 cm diagonal mit dem Glasschneider und der Brechzange zu Dreiecken trennen (Seite 12/13). Danach die Rundungen der Blütenblätter mit der Glasbeißzange „abknabbern" (Seite 16).

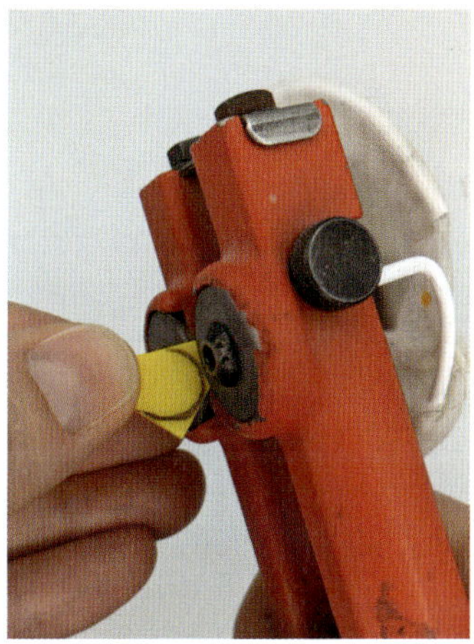

3. Die Blütenblätter mit der Glasbeißzange zuschneiden (Seite 16). Die Spitze mit der Glasbeißzange ca. 4 mm abknipsen. Die Blütenblätter sollten nicht über den Rand der Steine hinausragen. Wenn die Blätter aufgeklebt sind, ein Mini-Glasdrop in der Mitte anbringen.

4. Die Fugenmasse sollte bei diesem Projekt die Konsistenz von weicher Knete haben (Seite 17–19). Auf diese Weise lassen sich die Freiräume zwischen Stein und Glas leicht füllen.

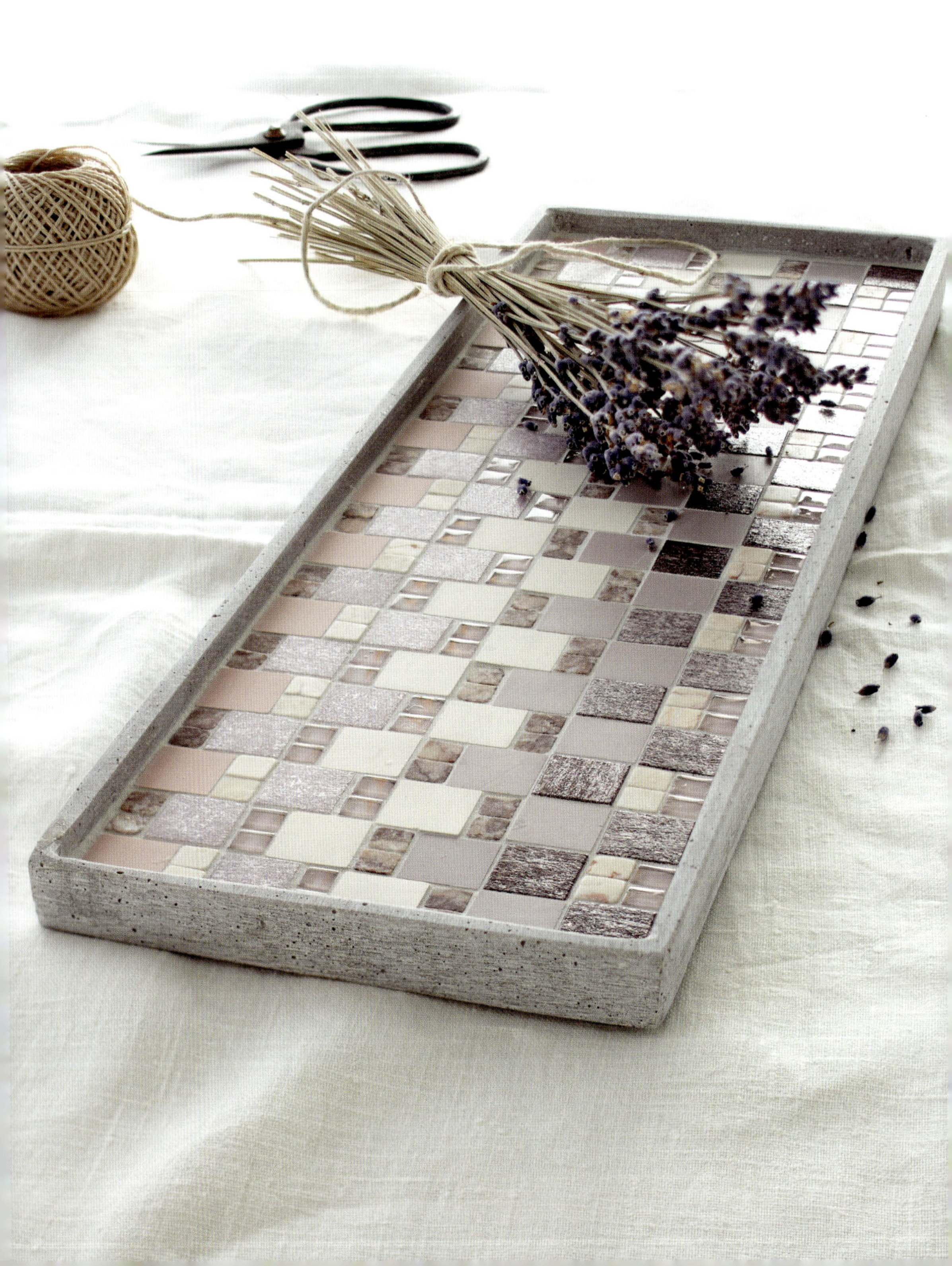

# DEKOTELLER

## schöne Ablage für kleine Schätze

### MOTIVGRÖSSE

Außen: 45 cm x 15 cm,
Mosaikfläche: 43 cm x 13 cm

### WERKZEUG UND HILFSMITTEL

- Universalgrundierung
- Mosaikkleber, transparent
- Kreppklebeband
- Fugenmasse in Anthrazit

### TRÄGERMATERIAL

- Dekoteller, 45 cm x 15 cm (außen), 43 cm x 13 cm (innen)

### MOSAIKMATERIAL

- 11 x Mosaiksteine aus Ceraton in Rosa, 2 cm x 2 cm x 0,4 cm
- 21 x Mosaiksteine aus Ceraton in Lila, 2 cm x 2 cm x 0,4 cm
- 21 x Mosaiksteine aus Ceraton in Weiß, 2 cm x 2 cm x 0,4 cm
- 21 x Mosaiksteine aus Murano Glas in Hellila, 2 cm x 2 cm x 0,4 cm
- 21 x Mosaiksteine aus Murano Glas in Dunkellila, 2 cm x 2 cm x 0,4 cm
- 62 x Mosaiksteine aus Soft Glas in Rosa, 1 cm x 1 cm x 0,4 cm
- 42 x Mosaiksteine aus Marmor in Hellrosa, 1 cm x 1 cm x 0,4 cm
- 62 x Mosaiksteine aus Marmor in Dunkellila, 1 cm x 1 cm x 0,4 cm

**1.** Den Dekoteller im Bereich der Mosaiksteine und überall dort, wo es mit Fugenmasse in Berührung kommt, mit Universalgrundierung einstreichen und trocknen lassen.

**2.** Eine Reihe Mosaiksteine am kurzen und langen Rand des Dekotellers komplett auslegen und aufkleben. Im Anschluss eine kurze Reihe nach der anderen aufkleben. Hinsichtlich des Musters am Modellbild orientieren.

*Tipp: Wenn es nicht aufgehen sollte, können Sie die Abstände zwischen den Steinen vergrößern oder verkleinern.*

**3.** Wenn der Kleber gut getrocknet ist, vor dem Verfugen den Rand des Dekotellers zum Schutz vor der Fugenmasse mit Kreppklebeband abkleben. Im Anschluss die Fugenmasse anrühren und den Dekoteller verfugen (Seite 17–19).

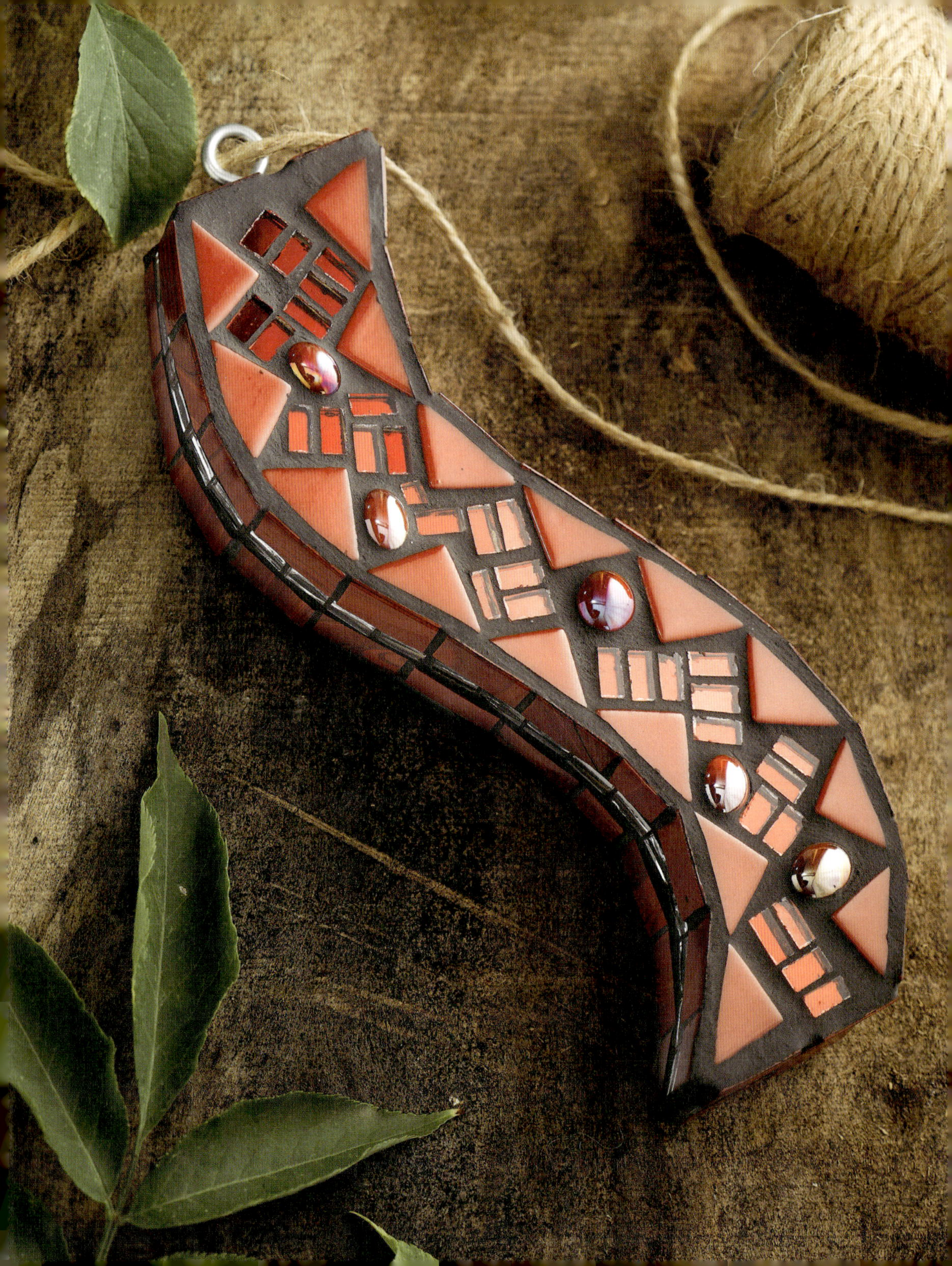

# BAUMANHÄNGER

## farbenfroh und leicht gemacht

### MOTIVGRÖSSE
ca. 20 cm x 5 cm x 2 cm

### WERKZEUG UND HILFSMITTEL
- Cutter
- Schleifpapier
- Glasschneider
- Brechzange
- Mosaikkleber, transparent
- Holzstäbchen
- Ösenschraube, ca. 0,6 cm x 0,4 cm
- Kreppklebeband
- Fugenmasse in Schwarz

### TRÄGERMATERIAL
- Styrodurplatte, 2 cm dick

### MOSAIKMATERIAL
- 20 Mosaiksteine aus Murano Glas in Rot, 2 cm x 2 cm x 0,4 mm
- 12 Glas-Nuggets in Rot, ca. ø 1 cm
- 30 Spiegelglas-Steine in Rot, 1 cm x 1 cm x 0,4 cm
- 25 Mosaiksteine aus Murano Glas in Rotbraun, 2 cm x 2 cm x 0,4 mm
- 30 Spiegelglas-Steine in Silber, 1 cm x 1 cm x 0,4 cm

### VORLAGE
Bogen B

1. Die Form mithilfe der Vorlage auf die Styrodurplatte übertragen, mit dem Cuttermesser ausscheiden, mit Schleifpapier glätten (Seite 9) und von Staub befreien.

2. Mit Glasschneider und Brechzange (Seite 12/13) die roten Murano-Steine in Dreiecke, die rotbraunen Murano-Steine in Rechtecke und die Spiegelglassteine mittig halbieren.

3. Die roten Murano-Dreiecke auf der Vorderseite entlang der geschwungenen Außenkante mit den Spitzen nach innen aufkleben. Die roten Glas-Nuggets nach Belieben auf der Fläche verteilen. Die Zwischenräume mit den halbierten, roten Spiegelglas-Steinen füllen.

4. Wiederholen Sie dies auf der gegenüberliegenden Seite.

5. Die rotbraunen Murano-Rechtecke bündig zum Seitenrand der Form ringsherum aufkleben. Dabei ca. 5–7 mm Platz zwischen den Steinen lassen. Den Freiraum mit den halbierten, silbernen Spiegelglas-Steinen auffüllen. Auf der Oberseite in der Mitte ca. 5 mm frei lassen.

6. Auf der Oberseite mit einem Holzstäbchen ein kleines Loch für die Öse vorstechen und dieses mit Kleber füllen. Dann die Ösenschraube hineindrehen. Alles gut trocknen lassen.

7. Vor dem Verfugen mit einem kleinen Stück Kreppband die Öse abkleben. Die Fugenmasse anrühren und verfugen (Seite 17–19).

# VOGELFUTTERHALTER

platzsparend und einfach schön

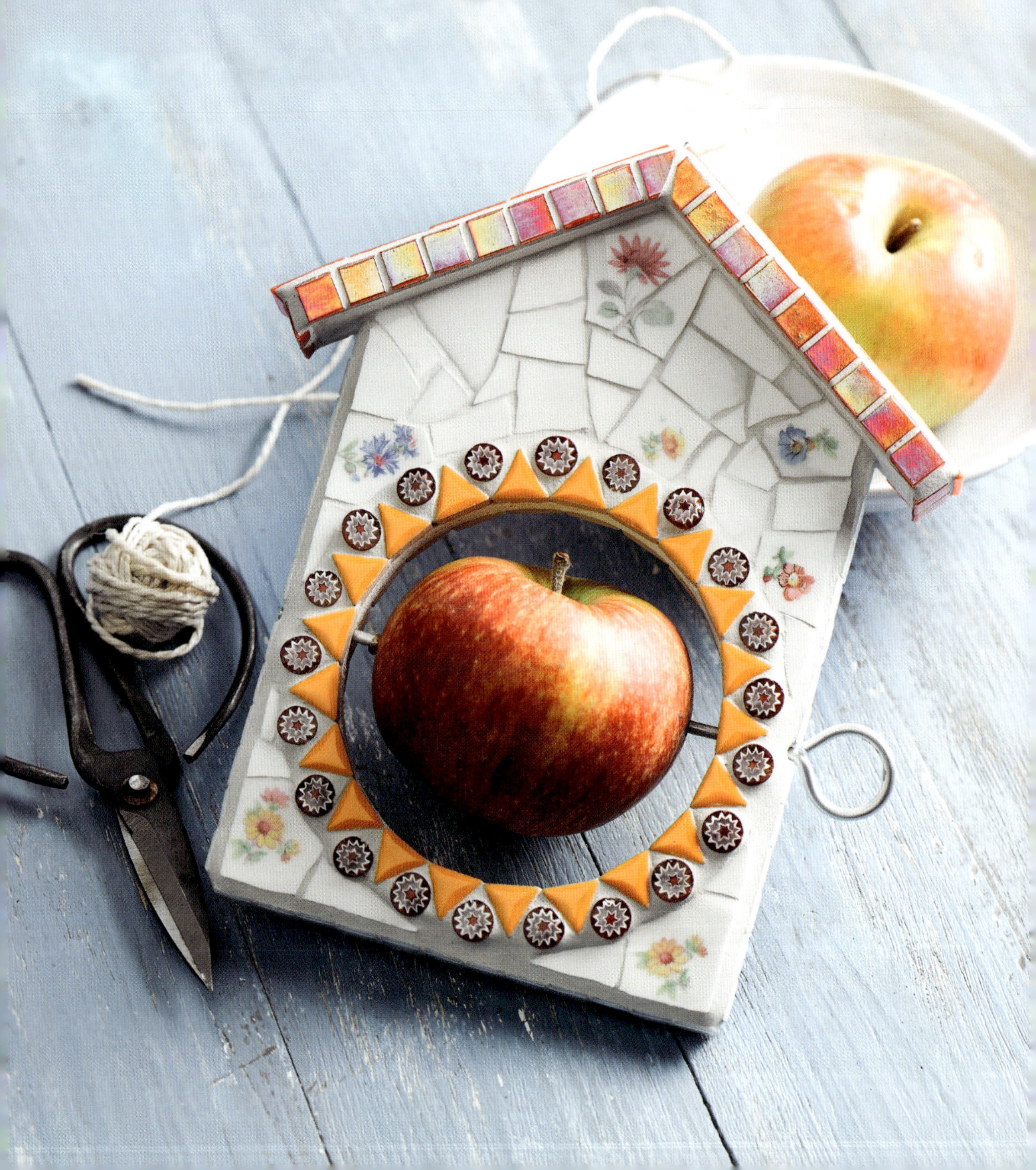

## MOTIVGRÖSSE

18,5 cm x 16 cm x 2 cm

## WERKZEUG UND HILFSMITTEL

- 2in1-Weißlack
- Mosaikkleber, transparent
- Mosaikzange mit Schneiderädchen
- Holzspieß
- Fugenmasse in Silbergrau

## TRÄGERMATERIAL

- Holzhäuschen, 18,5 cm x 16 cm x 2 cm

## MOSAIKMATERIAL

- 10 Mosaiksteine aus Murano Glas in Rot, 2 cm x 2 cm x 0,4 cm
- 40 Mosaiksteine aus Joy Glas in Rot, irisierend, 1 cm x 1 cm x 0,4 cm
- 42 Mosaiksteine aus Keramik in Orange, dreieckig, glasiert, 1,5 cm x 1,5 cm x 0,5 cm
- 42 Millefiori-Steine in Rot, ø 1 cm
- Porzellantassen oder Teller in Weiß, mit oder ohne Muster
- 38 Mosaiksteine aus Joy Glas in Weiß, irisierend, 1 cm x 1 cm x 0,4 cm

*Tipp: Prinzipiell kann jedes Porzellan verwendet werden, dünneres Porzellan lässt sich jedoch einfacher verarbeiten.*

1. Das Holzhäuschen mit Weißlack einstreichen und trocknen lassen.

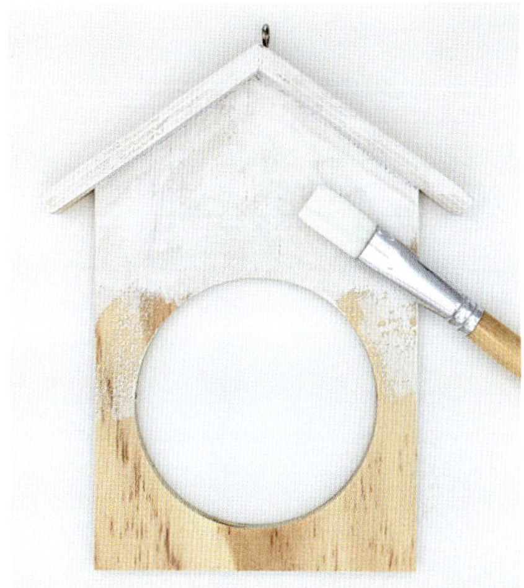

2. Die roten Murano-Steine auf dem Dach an der Spitze beginnend aufkleben und am Dachende überstehen lassen. Die roten Joy Glas-Steine auf der Vorder- und Rückseite in einer Reihe auf dem schmalen Dachrand ringsherum anbringen. Die Steine an der Spitze mit der Mosaikzange (Seite 14) anpassen.

3. Die dreieckigen Keramik-Steine auf beiden Seiten rund um den Futterkreis platzieren. Die Millefiori zwischen die Dreiecke kleben.

4. Die Freifläche auf Vorder- und Rückseite mit den Porzellan-Stücken füllen. Dazu Teller oder Tassen mit der Mosaikzange zuschneiden.

5. Die weißen Joy Glas-Steine am Rand aufkleben. Die Öffnung für die Futterhalterung frei lassen.

6. Einen Holzspieß in die Öffnungen der Futterhalterung stecken und später regelmäßig drehen, während die Fugenmasse trocknet. Die Fugenmasse anrühren und verfugen (Seite 17–19). Den Holzspieß entfernen, bevor die Fugenmasse ausgehärtet ist.

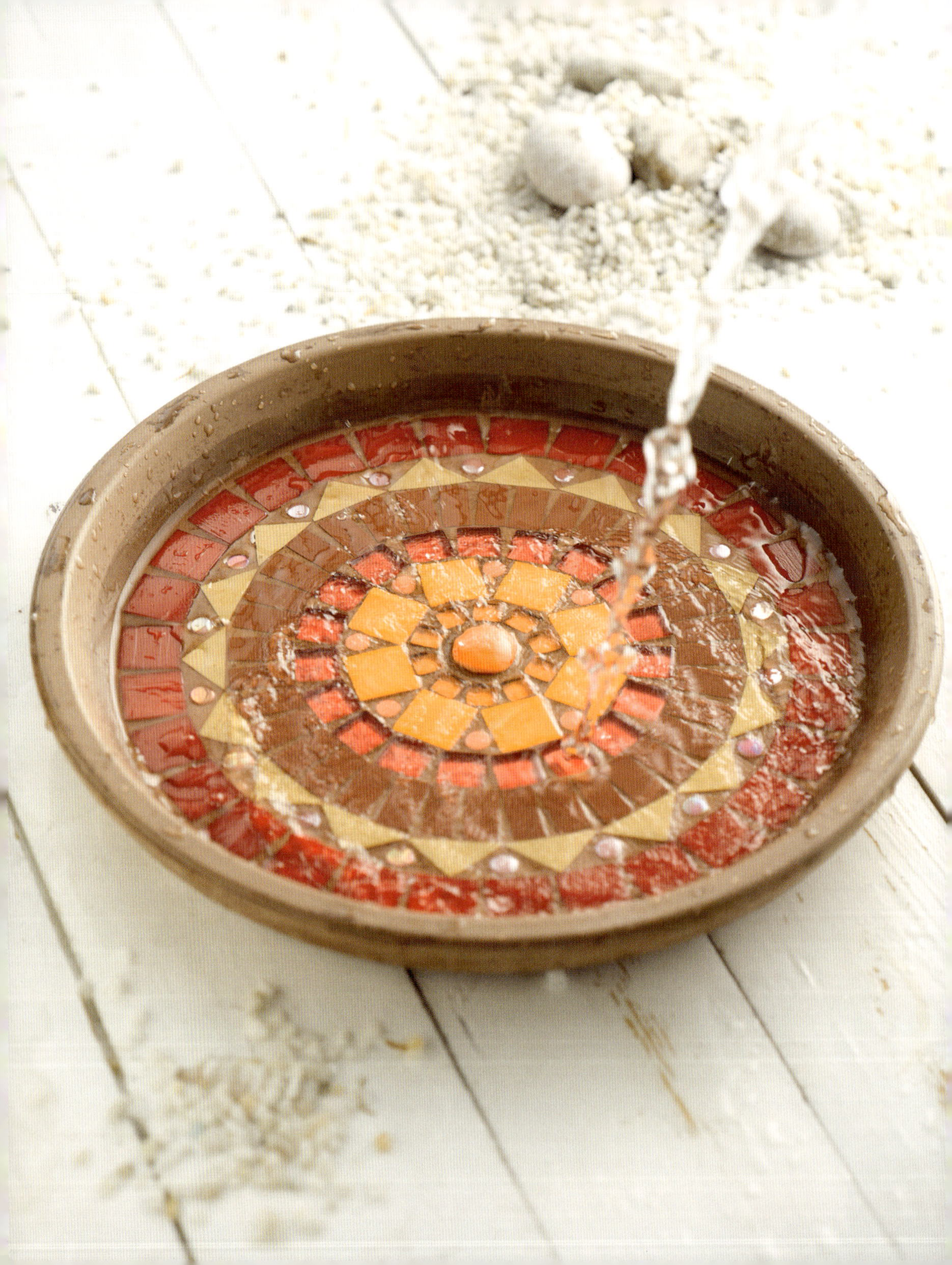

# VOGELBAD

## für warme Sommertage

### MOTIVGRÖSSE
ø 28 cm

### WERKZEUG UND HILFSMITTEL
- Universalgrundierung
- Glasschneider
- Brechzange
- Mosaikkleber, transparent
- Kreppklebeband
- Fugenmasse in Braun

### TRÄGERMATERIAL
- Terrakotta-Untersetzer, Außenmaß ø 28 cm, Innenmaß ø 23 cm

### MOSAIKMATERIAL
- 30 Mosaiksteine aus Murano Glas in Rot, 2 cm x 2 cm x 0,4 mm
- 9 Mosaiksteine aus Ceraton in Beige, 2 cm x 2 cm x 0,4 cm
- 18 Mini-Glas-Drops in Orange, irisierend, ø ca. 0,8 cm
- 18 Mosaiksteine aus Ceraton in Braun, 2 cm x 2 cm x 0,4 cm
- 19 Mosaiksteine aus Soft Glas in Rot, 1,5 cm x 1,5 cm x 0,4 cm
- 8 Mosaiksteine aus Murano Glas in Orange, 2 cm x 2 cm x 0,4 cm
- 8 Mini-Glas-Drops in Orange, ø ca. 0,8 cm
- 10 Mosaiksteine aus Soft Glas in Orange, 1 cm x 1 cm x 0,4 cm
- 1 Glas Nugget in Orange, ø ca. 2 cm

1. Den Terrakotta-Untersetzer im Bereich des Mosaiks und überall dort, wo er mit Fugenmasse in Berührung kommt, mit Universalgrundierung einstreichen und trocknen lassen.

2. Mit Glasschneider und Brechzange (Seite 12/13) die beigen Ceraton-Steine in Dreiecke und die braunen Ceraton-Steine in Rechtecke halbieren.

3. Mit den roten Murano Glas-Steinen am äußeren Rand einen Kreis legen. Darunter die beigen Ceraton-Dreiecke verteilen. In jede Lücke einen orange-irisierenden Mini Glas Drop kleben. Kreis für Kreis die braunen Ceraton-Rechtecke und die roten Soft Glas-Steine aufkleben. Im Wechsel die orangenen Murano Glas-Steine und die orangenen Mini-Glas-Drops festkleben. Die orangenen Soft Glas-Steine anbringen und in der Mitte das Glas Nugget platzieren.

*TIPP: Wenn Sie mit dem Aufkleben am äußersten Rand beginnen und sich gleichmäßig nach innen arbeiten, erhalten Sie ein schönes symmetrisches Muster.*

4. Wenn der Kleber getrocknet ist, vor dem Verfugen den Rand des Untertellers zum Schutz vor der Fugenmasse mit Kreppklebeband abkleben. Die Fugenmasse anrühren und das Vogelbad verfugen (Seite 17–19).

# BLUMENTOPF

## macht Pflanzen zum besonderen Hingucker

### MOTIVGRÖSSE

12 cm x 15 cm

### WERKZEUG UND HILFSMITTEL

- 2in1-Weißlack
- Mosaikkleber, transparent
- Mosaikzange mit Schneiderädchen
- Fugenmasse in Weiß, mit „rotem“ Pigmentpulver eingefärbt

### TRÄGERMATERIAL

- Terrakotta-Blumentopf, ø 12 cm (oben), ø 7 cm (unten), 15 cm hoch

### MOSAIKMATERIAL

- 30 Mosaiksteine aus Murano Glas in Rosa, 2 cm x 2 cm x 0,4 cm
- 65 Mosaiksteine aus Marmor in Grau, 1 cm x 1 cm x 0,4 cm
- 60 Mosaiksteine aus Soft Glas in Rosa, 1,5 cm x 1,5 cm x 0,4 cm
- 16 Glas-Nuggets in Weiß, ca. ø 1 cm
- Porzellanteller in Rosa

**1.** Den Blumentopf mit Weißlack streichen.

**2.** Am unteren Rand des Topfes starten und in Reihen die Steine aufkleben. Zuerst die rosa Murano-Steine, dann versetzt graue Marmorsteine und zum Schluss rosa Soft Glas-Steine. Spiegelbildlich am oberen Rand wiederholen. Passen Sie bei Bedarf die Größe des letzten Steins jeder Reihe mit der Mosaikzange (Seite 14) an.

**3.** Die weißen Glas-Nuggets auf der freien Fläche verteilen. Den Porzellanteller mit der Mosaikzange zerkleinern und den Freiraum mit Porzellanstücken füllen.

**4.** Wenn der Kleber ausgehärtet ist, die Fugenmasse anrühren und verfugen (Seite 17–19).

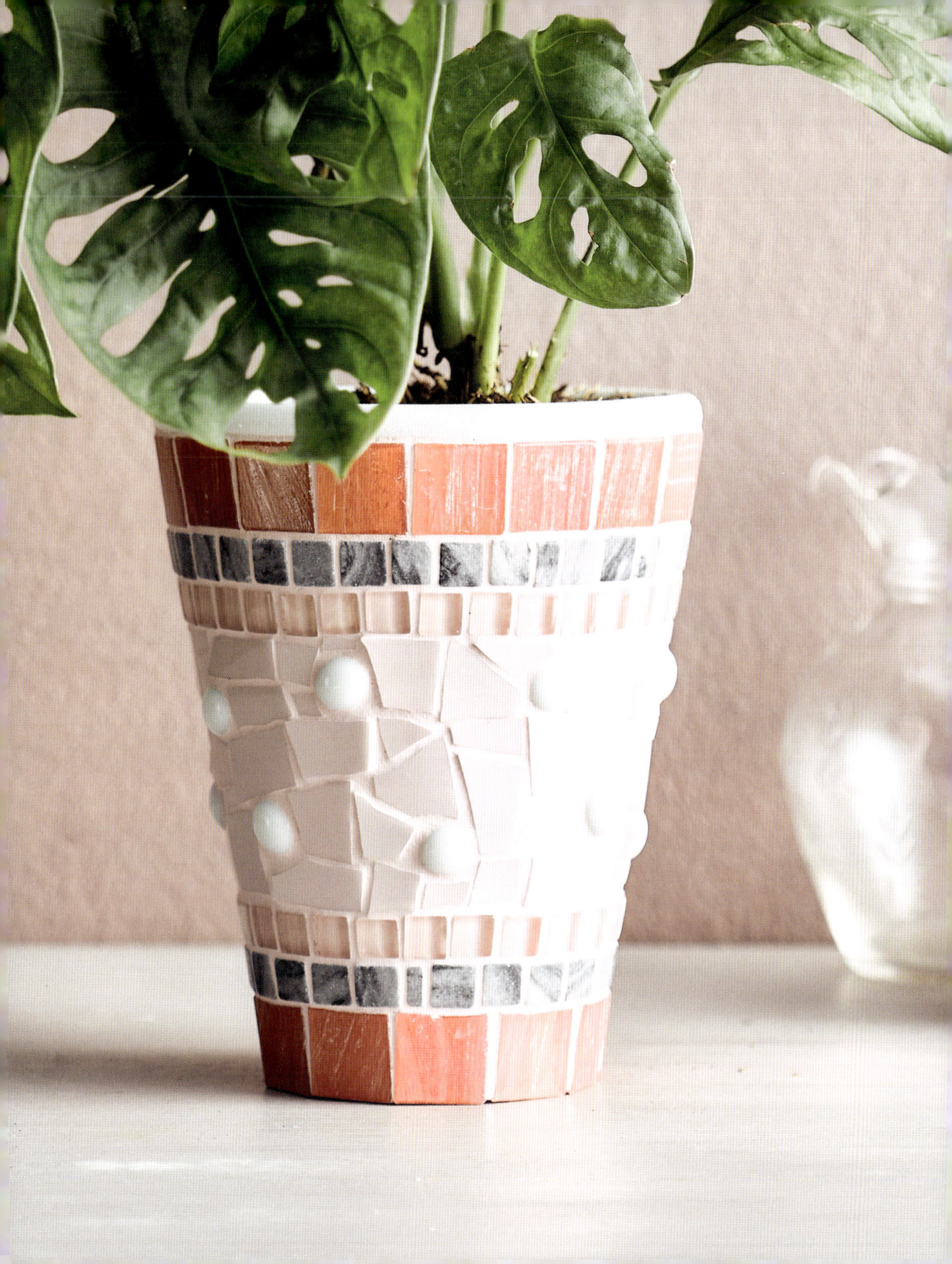

# VOGELHAUS

## für Garten und Balkon

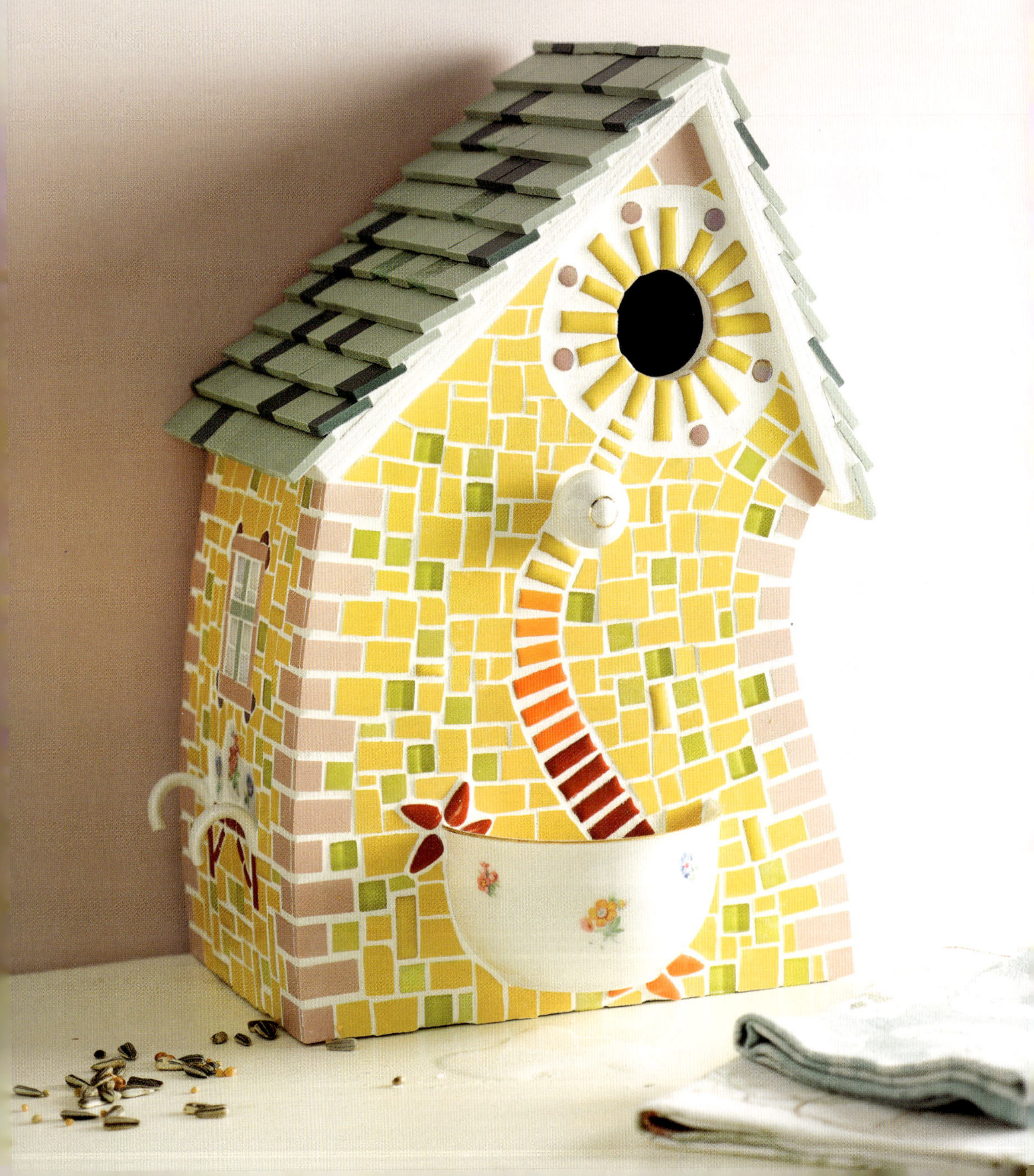

●●●

## MOTIVGRÖSSE

32 cm x 23 cm x 15 cm

## WERKZEUG UND HILFSMITTEL

- 2in1-Weißlack
- Mosaikkleber, transparent
- Mosaikzange mit Hartmetallbacken
- Mosaikzange mit Schneiderädchen
- Fugenmasse in Weiß

## TRÄGERMATERIAL

- Vogelhaus aus Holz, 32 cm x 23 cm x 15 cm

## MOSAIKMATERIAL

- 80 Mosaiksteine aus Ceraton in Rosa, 2 cm x 2 cm x 0,4 cm
- 15 Mosaiksteine aus Murano Glas in Hellgrün, 2 cm x 2 cm x 0,4 cm
- 8 Mosaiksteine aus Joy Glas in Weiß, irisierend, 1 cm x 1 cm x 0,4 cm
- 14 Mini-Glas-Drops in Lila, ø 0,8 cm
- Porzellantasse mit Henkel, Blumenmuster
- Deckel einer Porzellanzuckerdose oder einen Knopf aus Porzellan
- 50 Keramiksteine in Gelb, Orange und Rot, in Blütenform und rechteckig
- 6 Mini-Glas-Drops in Rosa, ø 0,8 cm
- 30 Mosaiksteine aus Soft Glas in Gelb, 1 cm x 1 cm x 0,4 cm
- 10 Fliesen in Gelb, 10 cm x 10 cm x 0,4 cm
- 200 Mosaiksteine aus Ceraton in Hellgrün, 2 cm x 2 cm x 0,4 cm
- 24 Mosaiksteine aus Ceraton in Dunkelgrün, 2 cm x 2 cm x 0,4 cm

1. Das Haus ringsum mit Weißlack einstreichen, auch wenn nur drei Seitenflächen und das Dach beklebt werden.

2. Das Porzellan mit der Mosaikzange mit Schneiderädchen (Seite 14) bearbeiten. Die übrigen Steine nach Bedarf mit der Mosaikzange mit Hartmetallbacken (Seite 15) zuschneiden.

3. An den Hausecken von unten nach oben abwechselnd einen langen und einen kurzen rosa Ceraton-Stein anbringen. Auf der Vorderseite sollten die Steine bündig abschließen.

4. Auf den Seitenwänden in der oberen Hälfte aus rosa Ceraton-Streifen einen Fensterrahmen aufkleben. Aus grünen Ceraton-Streifen ein Kreuz in die Fenster kleben. Die Fenster mit weiß-irisierenden Joy Glas-Steinen füllen. An den Ecken der Fensterrahmen halbe, lila Mini-Glas-Drops anbringen. Drei Porzellankreise mit Blüten unterhalb des Fensters auf der linken Seite anbringen. Darunter aus rechteckigen, roten Keramik-Steinen Beine und Sitzfläche der Bank kleben.

5. Die Positionen für die halbe Porzellantasse, den Tassenhenkel und den Knopf einzeichnen und freihalten.

6. Das Muster aus gelben Keramik-Steinen und rosa Mini-Glas-Drops um die Öffnung des Hauses sowie die Kurve aus Keramik-Steinen anbringen.

7. Die Wände mit gelben Soft-Glassteinen, gelben Fliesen und gelben Keramiksteinen bekleben. Arbeiten Sie immer von unten nach oben.

8. Auf beiden Seiten des Dachs am unteren Rand acht grüne Ceraton-Steine anbringen. Eine halbe Steinlänge überstehen lassen. Für ein versetztes Fugenbild jede zweite Reihe mit einem halben Stein beginnen und beenden. Die Reihen sollten sich nicht mehr als 2–3 mm überlappen. Da die Steine keine große Auflagefläche haben, sollten die Zwischenräume gut mit Klebemasse ausgefüllt sein. Auf die Spitze des Daches eine Reihe halbierter Ceraton-Steine setzen.

9. Das Porzellan aufkleben.

10. Die drei Seitenwände sowie die Lücken zwischen den Ceraton-Steinen an den Seitenrändern des Dachs verschließen. Das Dach selbst nicht verfugen (Seite 17–19).

# Die Autorin

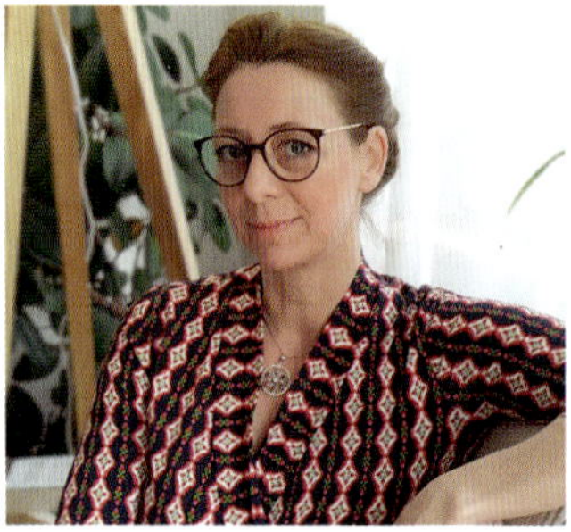

Carmen Albrecht ist in Baden-Württemberg geboren und aufgewachsen. Der Wunsch, zwei alte Betonkästen aufzuhübschen, hat sie 2015 in die Welt der Mosaiksteine geführt. Auf der Suche nach Materialien und Werkzeugen ist sie Stück für Stück tiefer in diese Kunstform eingetaucht. Mosaik ist für Carmen Albrecht die perfekte Symbiose zwischen Kreativität und handwerklichem Arbeiten. Die unzähligen Möglichkeiten, ein jahrtausendealtes Handwerk neu zu interpretieren und immer Neues dazu zu lernen, sowie die endlosen Entfaltungsmöglichkeiten von Formen, Farben und Materialien begeistern sie stets aufs Neue. Über die Jahre hinweg hat sie sich den Umgang mit verschiedensten Materialien und Werkzeugen angeeignet und verfeinert. Ihre Werke sind sehr unterschiedlich in Farbe, Form und Ausführung. Das immer neue, teils intuitive Arbeiten ist es, was für sie den Reiz der Kunstform ausmacht. Seit 2020 zeigt sie ihre Kunstwerke auch auf ihrem Instagram-Profil @steinfugenzeit.de und seit 2021 gibt es ihre gleichnamige Webseite.

**TOPP – Unsere Servicegarantie**

WIR SIND FÜ SIE DA! Bei Fragen zu unserem umfangreichen Programm oder Anregungen freuen wir uns über Ihren Anruf oder Ihre Post. Loben Sie uns, aber scheuen Sie sich auch nicht, Ihre Kritik mitzuteilen – sie hilft uns, ständig besser zu werden.
Bei Fragen zu einzelnen Materialien oder Techniken wenden Sie sich bitte an unseren Kreativservice.
hilfe@frechverlag.de
Telefon 0711/123 757 20

Das Produktmanagement erreichen Sie unter:

pm@frechverlag.de
oder: frechverlag
Produktmanagement
Dieselstraße 5
70839 Gerlingen
Telefon 0711/ 8 30 86 68

LERNEN SIE UNS BESSER KENNEN!
Fragen Sie in Ihrem Hobbyfach- oder Buchhandel nach unserem kostenlosen Magazin „Meine kreative Welt“. Darin entdecken Sie zweimal im Jahr die neuesten Kreativtrends und interessantesten Buchneuheiten.
Oder besuchen Sie uns im Internet!
Unter www.topp-kreativ.de können Sie sich über unser umfangreiches Buchprogramm informieren, unsere Autor:innen kennenlernen sowie aktuelle Highlights und neue Kreativtechniken entdecken, kurz- die ganze Welt der Kreativität.
Kreativ immer up to date sind Sie mit unserem monatlichen Newsletter mit den aktuellsten News aus dem frechverlag, Gratis-Bastelanleitungen und attraktiven Gewinnspielen.

## IMPRESSUM

FOTOS: lichtpunkt, Michael Ruder, Stuttgart (Modellfotos); Carmen Albrecht (Schrittfotos)

PRODUKTMANAGEMENT und LEKTORAT: Lara Franke

HERSTELLUNG: Heike Köhl

COVERGESTALTUNG: Petra Schmidt

SATZ: Fotosatz H. Buck

DRUCK und BINDUNG: DZS Grafik, Slowenien.



1. Auflage 2024

ISBN 978-3-7358-5190-1 • Best.-Nr. 25190

MIX
Papier | Fördert gute Waldnutzung
FSC® C106600

Penguin Random House Verlagsgruppe
FSC® N001967